EL SECRETO PARA OBTENER BUEN EXITO

EN LOS SENDEROS DE VIDA

SANDRA CHAVEZ

EL SECRETO PARA OBTENER BUEN EXITO
EN LOS SENDEROS DE VIDA

Puede hacer pedidos de libros de iUniverse en librerías o poniéndose en contacto con:

iUniverse
1663 Liberty Drive
Bloomington, IN 47403
www.iuniverse.com
844-349-9409

Sandra Luz Chavez
sandraluzchavez16@gmail.com
909-3650160

ISBN: 978-1-6632-0557-5 (tapa blanda)
ISBN: 978-1-6632-0558-2 (libro electrónico)

Información sobre impresión disponible en la última página.

Fecha de revisión de iUniverse: 09/03/2020

CONTENIDO

AGRADECIMIENTO

El más grande agradecimiento es a Jesucristo por darme vida y salvación, esto dio valor y sentido a mi vida; "Porque en El vivimos, y nos movemos" (Hechos 17:28).

Este libro "El secreto para obtener buen éxito en los senderos de vida" fue inspirado por Dios en su creación: la naturaleza, el mar, y los pájaros; guiándome El Espíritu Santo.

Un agradecimiento a mi Padre Dios por Pastor Carlos X. Chavez, por ponerlo en mi vida; su ejemplo y testimonio como Pastor y sobrino dan muestra de amor, humildad, integridad, y sabiduría de Dios. Gracias otra vez por su apoyo, su dedicación a la revisión, corrección y la portada de este libro, por creer en mí y en el don que Dios me dio de escribir.

Un agradecimiento muy especial a todo el grupo de oración por sus oraciones.

Mi hija Rocío Arredondo por su apoyo espiritual, corrección, te doy un voto de amor y agradecimiento. Tu participación fue muy importante en este libro. Mi hija Sandy por su apoyo moral y espiritual. Mi hijo Jorge Junior por las sugerencias en la computadora, fueron un apoyo de amor hacia su madre,

A mi amado esposo Jorge, por su apoyo y amor ya que mi vida forma parte de él; porque somos dos en uno.

Este libro lo dedico muy especialmente y con mucho amor a mis nietos, ellos son mi vitamina, endulzan mi vida y la hacen más placentera: Isaac, Melissa, Jackelyn, krystal, Jacob y Christian. Sé que en su caminar encontraran el tesoro escondido: Jesús. Él los llevará al verdadero éxito en sus vidas.

Cuando ya somos hijos de Dios nos da a conocer sus secretos, pero deben conocer primero su propósito; esto es leyendo Su Palabra. "Somos justificados, pues, por la fe tenemos paz para con Dios por medio de nuestro Señor Jesucristo; por quien también tenemos entrada por la fe a esta gracia en la cual estamos firmes, y nos gloriamos en la esperanza de la gloria de Dios. Y no sólo esto, sino que también nos gloriamos en las tribulaciones, sabiendo que la tribulación produce paciencia; y la paciencia, prueba; y la prueba esperanza; y la esperanza no avergüenza.

Porque para que pases la prueba existe un proceso, tú decides como pasar el proceso, en gozo, sufriendo o llanto de agonía.

Santiago 1:2 nos recomienda: "tener sumo gozo cuando os halléis en diversas pruebas". "Alégrense no por lo que pasen sino por la gran bendición que viene" (Proverbios 17.22).

Sabemos que: "La esperanza no avergüenza; porque el amor de Dios ha sido derramado en nuestros corazones por el Espíritu Santo que nos fue dado".

"Porque si siendo enemigos, fuimos reconciliados con Dios por la muerte de su hijo mucho más, estando reconciliados, seremos salvos por vida". (Romanos 5:1-11).

INTRODUCCION

VIVIR POR ALGO O MORIR POR NADA

VIVIR la vida no es sólo existir, sino vivir practicando el amor, el servicio a los demás, a los más débiles, los pobres los que necesitan de una palabra que les levante el ánimo. De la generosidad viene la prosperidad. No vivir para sí mismo, sino para los demás esto es tener buen éxito en los senderos de vida.

Ser feliz con lo que Dios te da, pero también saber sufrir. Entonces entenderás la justicia, la rectitud y la honradez; cuando la sabiduría entrare en tu corazón, y la ciencia fuera grata a tu alma como Dios la puso estas te conducen a la felicidad (Proverbios 2:7-9 y 20).

VIVIR la vida es ser alguien que viva como piensa no como piensan los demás. No permitas que tu mente se vaya a donde le plazca, cuando desee esto solo la podrás controlar pidiéndole ayuda al Espíritu de Dios.

VIVIR la vida es aceptar a las personas como son sin querer cambiarlas; cuando aprendas a aceptar en vez de esperar tendrás menos decepciones siendo feliz a pesar de las circunstancias.

VIVIR la vida es saber perdonar para que también nos perdonen a nosotros y esto te hará libre y vivirás mejor, estarás más alegre, será más positivo y te enfocaras en las cosas más importantes de tu vida. Perdonar es un acto de amor.

VIVIR la vida es ser un principio de gran valor. La honestidad va junto con las virtudes.

VIVIR la vida es hacer cosas que nunca hiciste visualizando primero tus metas.

VIVIR la vida es saber tener una agenda para saber lo que vas hacer diariamente. Planificar es un acto de fe e integridad.

VIVIR la vida es soñar tratando de lograr lo que deseas; tus metas y proyectos de cada día, y con esto aseguras tu vida y esto te llevará a la dirección correcta de cada paso que des.

VIVIR la vida es cuando triunfas y llegas al buen éxito tomando en cuenta a Dios en tus planes y esto es para quien trabaja con sabiduría y de quien se autoevalúe personalmente (Proverbios 2:1-10).

VIVIR la vida es si tenemos inseguridades y temores; estos hay que convertirlos en confianza.

VIVIR la vida es amar y ser amado, aceptarse por lo que es no por lo que deseas que fuera o por el valor monetario.

VIVIR la vida es transformar el odio; convertirlo en amor.

VIVIR la vida es convertir el decaimiento, depresión, estrés, crisis y aflicciones en levantamiento, amor y ánimo a la vida.

VIVIR la vida es convertir el egoísmo en bondad.

VIVIR la vida supera todo lo negativo siendo una persona renovada, positiva, valorada y amada por Dios.

VIVIR la vida es que nada te afecte fácilmente.

El autor de la vida es Jesús; El va a escribir en el libro de la vida nuestro nombre si hacemos su voluntad.

HAY DOS OPCIONES: VIVIR POR ALGO O MORIR POR NADA, ENCUENTRA EL TIEMPO, ES EL TESORO MAS VALIOSO QUE TENEMOS, PORQUE ES LIMITADO, PODEMOS PRODUCIR MAS DINERO, PERO NO MAS TIEMPO. UNA VIDA MEJOR ES ADQUIRIENDO SABIDURIA, ES PONER A DIOS EN PRIMER LUGAR OBEDECIENDO SU PALABRA (PROVERVIOS 4:1-27).

LA VERDADERA ESENCIA DE LA VIDA REAL

La ciencia hoy en día se ha hecho un monstruo en nuestra vida, a pesar que fue hecha buena para nosotros; era una bendición, se ha ido perdiendo la moral, la necesitamos con urgencia. "Cuando la sabiduría entrare en tu corazón, y la ciencia fuera grata a tu alma la discreción te guardará; te preservará la inteligencia, para librarte del mal camino" (Proverbios 2:7-12 y 20).

1-Timoteo 3:1-17 Nos habla del carácter de los verdaderos hombres de Dios y de los hombres del mundo en los postreros días. Se aprovecharán los científicos de la ciencia para hacer a la gente a su manera y destruirla; Jesús predice la destrucción del templo. Antes que vengan los tiempos peligrosos enséñeles a sus hijos de la salvación, del amor de Dios hacia nosotros en la cruz y de la vida eterna "Jesucristo es el verdadero Dios, y la vida eterna". Esto le dará sentido y valor a sus vidas (Mateo 24:1-27).

La situación del mundo actual dirigida por la ciencia va cada día peor, no hay descanso y para encontrarlo sólo será por medio de la Biblia. Ella es el manual para vivir y la conciencia de Dios te aconseja y te instruye; amar el orden te trae sabiduría y controla tus emociones, crear conciencia y esto te trae el orden. "Toda la Escritura es inspirada por Dios, y útil para enseñar, para redargüir, para corregir, para instruir en justicia" (2 Timoteo 3:16).

El profeta Daniel dice y nos indica en Daniel 12:4 que los últimos tiempos la ciencia aumentará; del burro al carro, de una televisión a un celular y el Internet si no lo tienes entra el estrés. Dice la generación de hoy que en este siglo veinte, el descubrimiento del libro de la vida es el Internet.

La familia forma la sociedad pero la ciencia se ha encargado de destruir el amor, y la comunicación en ella. La palabra de Dios (que es la Biblia) la toman como un libro solo histórico, siendo que es el libro más famoso y vendido del mundo entero, que nunca ha pasado de moda, es el libro real de la vida para todo cristiano, es cuando pone Dios nuestro nombre al llamarnos y luchamos pasando la prueba y así alcanzamos la vida eterna.

Isaías 24:4-6 nos habla de nuevo que el hombre sigue destruyendo la tierra hasta consumirla. Esto fue escrito aproximadamente hace 2,700 años, porque traspasaron las leyes, falsearon el derecho, quebrantaron el pacto y la ciencia. Dios estableció leyes de la ciencia, también leyes morales y espirituales. Hoy en día permite en nuestra sociedad leyes modernas, hay que estar alertas de todo lo que está pasando en este siglo.

Eclesiastés 1:18 dice: "PORQUÈ EN LA MUCHA SABIDURIA HAY MUCHA MOLESTIA, Y QUIEN AÑADE CIENCIA, AÑADE DOLOR". Esta es la ciencia por medio del hombre; esta ha quitado la atención a Dios debe haber un balance, la tecnología debe ser con límites.

Eclesiastés 2:26 dice: "PORQUE AL HOMBRE QUE LE AGRADA, DIOS LE DA SABIDURÌA, CIENCIA Y GOZO". Esta es la ciencia por medio de Dios. Pablo previene a Timoteo y le dice: guarda lo que se te ha encomendado, evitando las profanas pláticas sobre cosas vanas, y los argumentos de la falsamente llamada ciencia, la cual profesando algunos, se desviaron de la fe, (1 Timoteo 6:20).

Hazte una pregunta como padre de familia, hijo, o simplemente como persona. ¿Cómo era mi tiempo y mi vida antes de tener fácil acceso a internet? ¿Quizá divertida? compartías todo directamente con tus seres queridos, esto es cuando no existía el celular. Las experiencias en tu vida eran diferentes con tu pareja, amigos, y familiares. Recordar esos momentos es la verdadera esencia de la vida. Con esto no es que tengas que dejar o evitar el internet, porque es algo práctico para tu vida, pero no remplaza las experiencias reales de la vida por pasarlas en internet todo el tiempo sin importar dejar de convivir con tus seres queridos.

¿Qué tan tolerante es usted con su propia vida? (Salmo 39-6) "En vano se afana el hombre en su vida". Convivir con sus seres queridos es un valor familiar. A veces le damos valor a nuestro propio gozo, sin importar saber si los demás nos necesitan; es como una droga. Se ponen a subir fotos de los lugares que visitan o lo que hacen, quizás para llamar la atención, o quizás les falte algo y lo descargan aquí, y creen que es la verdadera felicidad, sin pensar en pasar el tiempo con la familia, no darles el tiempo que ocupan; quienes son los primordiales.

Cree usted que la verdadera felicidad está en vivir a plenitud esos momentos, en lugar de estar tan pendiente de que todos sepan lo bien que la está pasando.

Aquí estas en una situación que te impide tener una vida privada por que la gente sabe dónde y cómo vives, donde estudian tus hijos o si eres soltero, saben todas tus actividades y existe un peligro en tu vida y en la de tu familia, vives en un mundo que, aunque lleno de comodidades personales, te va consumiendo cada día. Tu vida es más rápida por el tiempo que pasas publicando de ella. ¿Te has puesto a pensar cuántas horas pasas al día navegando en el Internet o redes sociales? como facebook, Google, etc.

El Internet es algo positivo si lo usas para bien. Es necesario para muchas áreas y te ayuda a mejorar la calidad de vida, pero también puede ser destructivo si se empiezan a sumergir en él, sin control. Y aquí estás dejando de valorar tu vida y de los demás.

Estas horas que pueden ser dos o tres o tal vez más, te está robando la posibilidad de hacer cosas de valor y constructivas para tu vida.

No podemos dar lo que no tenemos, es necesario que nosotros siempre estemos seguros que estamos disfrutamos la bendición de ser hijos amados de Dios, y que nuestra vida debe experimentar que nuestro valor de vida no radica en lo que hacemos, tenemos, o logramos con nuestras fuerzas, sino en su gracia (Romanos 8:6).

El Espíritu Santo mismo da testimonio a nuestro espíritu, de que somos hijos de Dios.

"LAS SEMILLAS QUE PLANTAMOS HOY DETERMINA EL FRUTO QUE COSECHAMOS" (Gálatas 6:7 y Salmo 1:1-6)

El éxito es entender donde Dios nos puso y lo hacemos con la gracia de Dios. Necesitamos tomar nuestra vida y ser testimonio, y ser testigos del Espíritu Santo llenarnos de Él y nos dará la sabiduría para hacerlo (Hechos 6:1-4).

EL MINERO DESCUBRE EL TESORO ESCONDIDO

Este libro habla de un pescador buscando perlas y
al igual de un minero buscando tesoros.
El minero que busca oro y plata tiene su lugar donde lo purifica.
En su búsqueda de estos tesoros encuentra zafiros
en tierra, éste contiene polvo de oro.
El hombre se afana con su mano al pedernal y excava hasta
lo más profundo y estremece las montañas para encontrar
más. Su búsqueda es de todo lo que sea precioso.
Abre y explora las fuentes que brotan de la tierra
y saca a la luz lo que estaba escondido.
Ignora el hombre su camino, se enfoca en estos tesoros, pero al final este
reconoce que el tesoro es Jesús, que no se encuentra en los mares donde
hay perlas, en la tierra donde buscan tesoros, o en las cosas materiales.
El abismo dice no está en mí y responde el
mar, dentro de mi tampoco se halla.

El tesoro escondido encontrado es cuando conoces a Jesús a través de toda esa búsqueda, como el minero y el pescador en busca de tesoros. Su palabra te da la verdadera sabiduría e inteligencia para encontrar ese tesoro. Nada se compara con ella ni el oro más puro, ni el cristal, perlas o corales hermosos. Conseguir la sabiduría de Dios vale más que extraer perlas del mar. La sabiduría que solo Dios conoce su camino. Sólo él sabe dónde está y dice al hombre: "Mira el temor del Señor es la sabiduría, y huir del mal es la inteligencia". EL minero explora las fuentes que brotan de la tierra y al final saca a la luz lo que está escondido. Jesús. Reconoce que solo Dios conoce su camino (Job 28:1-28 y Proverbios 2:1-5 y 8:19).

TE BUSQUE Y TE ENCONTRE

¡Oh Dios!, te encontré en el ruido del mar, tú me das paz.
Me dices que me amas al respirar en este aire del mar
¡Oh Dios!, al mirar las gaviotas tomar su vuelo
alrededor de este inmenso mar,
al aletear sus alas cierro mis ojos y siento tu palpitar.
Los pelícanos flotan en esas olas, demostrando seguridad,
al encontrar alimento en ese inmenso mar.
En las golondrinas recibo notas de ángeles al escuchar su canto
y recibo tu presencia angelical.
En el rocío y la brisa de este inmenso mar hay
lluvias celestiales en ellas se regocija mi alma, siento alegría, gozo y paz.
Al meterme a lo profundo del mar y mirar
los peces veo en ellos la unidad.
¡Oh! padre solo tú los pudiste crear.
Al salir del mar y pisar la arena blanca como la nieve;
miro Tu pureza, me inclino de rodillas y te pido perdón.
Quien soy yo ante Ti para que levantes mi alma.
Mi corazón te dice déjame como esta arena blanca
para poder vivir en tu presencia.
Tu gracia y amor es como la grandeza de este inmenso mar,
Tu misericordia que tienes hacia mí a pesar de lo que soy.
¡Oh Dios!, tu amor esta aquí en este mar,
en su transparencia y en todo lo que le rodea.

Al mirar los peces de colores, los corales, este cielo con su atardecer
y su amanecer haces que mi corazón palpite sin cesar.
¿Quién soy yo Dios para que permitas que mire este nuevo mundo?.
Mi cuerpo tiembla, mi alma se quebranta y siento gozo
y alegría al estar en tu presencia.
Me transciendes a mirar un cielo nuevo con esperanza,
sintiéndome valorada y amada por un Dios que me salva.
Solo en tu presencia quiero estar.
En este universo tú cuidado esta.
¿Quién soy yo para entender tu poder en la naturaleza?.
Eres creador de todo lo que puedo ver,
soy tan pequeña ante ti mi Dios, y al cerrar mis ojos,
de nuevo siento tu palpitar en ese ruido de las olas del mar,
me dices que conmigo quieres estar, en su roció siento tu toque celestial.
Al fin encontré el tesoro que siempre había buscado Jesús;
me ha vencido tú amor, sin ti no podría seguir,
me has dado amor y seguridad para vivir.

Sandra L. Chávez.

CAPITULO 1

EL TESORO ESCONDIDO

ENCONTRANDO UN TESORO EN TÈRMINOS MATERIALES
es buscar la verdadera pasión que te ayude a ti mismo, a los seres queridos
que te rodean, cuando la familia esta es un valor principal en tu vida. El
dinero es necesario pero no solo el ganar mucho dinero te hace feliz, sino
lo que te de una calidad de vida. (Eclesiastés 2:26).

El buen éxito es la pasión por amor al trabajo siendo bueno en lo
que haces, enfocándose en una cosa. Debes empujar la timidez y no ser
inseguro, ser persistente en ideas es la base para el buen éxito visualizando
lo que quieres y teniendo sueños. Si quieres vivir tu vida modestamente
teniendo lo necesario porque tu quisiste esta vida o simplemente porque
no tuviste la oportunidad del estudio, no significa que tienes que tener un
titulo para ser mejor, sino hay que saber cómo informarse, tratar de ver lo
que puedo ahorrar o simplemente deducir tus gastos. Hay personas que
viven de negocio ilícitos. El abrir un negocio informal puede multiplicar tu
salario pero no su felicidad. Haz el uso correcto trabajando con integridad.

Ser una persona íntegra y valorada es tener buen éxito en tu vida no
tratando de estafar a la gente ni tomar ventaja.

Si Dios te quiere bendecir será en cualquier trabajo que emprendas, El
así lo quiso porque conoce tu corazón y sabe que compartes su bendición
al que no tiene, sirves a los demás; los más necesitados, esto es valioso.

De la generosidad viene la prosperidad, ésta también te ayuda a ser
equilibrado en tus negocios y saber cómo ganar dinero. Al ser esto la

consecuencia de mi trabajo y si soy capaz de hacer lo que hago como debe ser, con integridad. Aquí está mi valor o lo que es de valor para el otro.

Hay personas que se equivocan, pierden lo que habían hecho, se les viene todo abajo, se sienten que es el final de todo. Es empezar desde abajo y hacer lo que te gusta y enfocarse en lo que estaba haciendo.

La forma como alcanzamos el buen éxito es creer lo que hago, así voy descubriendo mis talentos.

Es mejor empezar un negocio pequeño y hacerlo crecer, se valoriza más, si te equivocas aprendes y sigues tratando.

La persona que triunfa no es por tener dinero, no va por ahí este es otro tipo de éxito del mundo. El buen éxito agarrado de la mano de Dios es cuando empieza por una pasión; amor a su trabajo, hacer algo distinto y quedar satisfecho a sus propias necesidades.

Tenemos el ejemplo de Nehemías 1:11,2:3-8 cuando le pidió a Dios buen éxito y gracia para reedificar la casa de los sepulcros de sus padres sus puertas estaban consumidas por el fuego. También Salomón tuvo principio de vida. Dios le dio una sabiduría especial; Cuando tomo el trono después del rey David su padre, Salomón pidió sabiduría a Dios y El dijo: Por cuanto no pediste fama ni fortuna; Le dio una gran sabiduría. Tuvo riquezas y fama, pero no fue su prioridad (2-Cronicas 9:22-23).

Hay pasos para tener principios y orden en nuestra vida como: pedir sabiduría a Dios, crear conciencia y esto trae orden en integridad, controlar nuestras emociones que ellas no nos controlen y darte algunos gustos pero gastar sabiamente.

Dios es lleno de abundancia en riqueza no solo de dinero sino de salud y bendiciones.

El buen éxito es vivir en el centro de la voluntad de Dios. Significa que El nos de la sabiduría para administrar nuestra vida (Proverbios 4:20-27).

¿Cómo podemos ser ricos? Tenemos peligros del amor al dinero. "Hacer tesoros en el cielo donde los ladrones no minan ni hurtan (Mateo 6:20). Tenemos que ser ricos con Dios invirtiendo para la eternidad (1-Timoteo 6:9-10). "Busca el reino de Dios y su justicia y todo lo demás llega por añadiría" (Mateo 6:31-33).

En el primer libro "Senderos del tiempo" escribo lo que yo misma descubrí que es un secreto, ¿qué hay que hacer para ser rico sin dinero? Mi riqueza es la bendición de Dios, busco a Dios como mi proveedor y vivo en obediencia en sus caminos (Salmo 34:10-11).

Desde que tengo un negocio nuevo en mi vida soy rica sin dinero, invierto mi tiempo a Dios, lo tengo como socio, su palabra es mi cuenta de cheques, el amor y la felicidad nunca se acaba. Este es un buen negocio. Con generosidad le darás al Señor tu Dios, y no te dolerá el corazón cuando le des, ya que "El Señor tu Dios te bendecirá por esto en todo tu trabajo y en todo lo que emprendas". (Deuteronomio 15:10).

A veces perdemos la calma no entendemos que si no ponemos a Dios primero no hay oro duradero. "Feliz el hombre que ha hallado la sabiduría, dichoso el que adquiere la inteligencia, mejor es que tener plata, el oro no procura beneficios" (Job 28:13-28 y proverbios 2:4-5).

Reconocer tu área financiera o económica es tener sabiduría.

La vida del hombre no consiste en la abundancia del dinero, sino por buscar el conocimiento, viendo lo material en base de lo que tiene; teniendo principios financieros es la sabiduría. La prosperidad debe ser en integridad con relación de tus hijos, esposo y en Dios. "El temor de Dios es el principio de la sabiduría" Proverbios 9:10.

NUESTROS ACTOS SON LOS QUE NOS DEFINE QUIEN SOY EN ESTA VIDA.

Tener orden es la piedra angular para tener buen éxito en tus finanzas.

A veces tienes mucho dinero porque trabajaste demasiado, te afanaste y descuidaste a tu familia. El poco tiempo que tienes cuando llegas al final, estás cansado, no tienes energía y no puedes darle a tu familia lo que planeaste, como llevarla a conocer una ciudad o simplemente platicar con ellos. Anduviste bajo el sol afanado y mueres y no te llevas nada material y muchas veces le queda al que nunca trabajo (Eclesiastés 2:20).

Encontrar la sabiduría es valorar tu vida y la de tu familia tomando en cuenta siempre a Dios. Las riquezas verdaderas están con el Señor, mi fruto es oro escogiendo lo mejor.

"Tengan mi enseñanza antes de adquirir plata y busquen el saber antes que el oro"
(Proverbios 8:10, proverbios 2:1-12).

ENCONTRANDO UN TESORO ESPÌRITUAL es buscar y saber la enseñanza que nos da Jesús.

Sandra Chavez

En las minas de esmeraldas, los mineros cavan profundamente en búsqueda de las preciosas joyas, así tus irás leyendo y buscando paso a paso este recorrido.

La mayoría de lo que obtienen los mineros son "guijarros" pero están consientes de que la mayor parte de lo que encontrarán es eso, solo piedras.

Los mineros cuando encuentran las joyas las guardan y van juntando y al finalizar el día juzgan su éxito, no por los "guijarros", sino por el poco oro y esmeraldas que encontraron. Tú al igual vas juntando y escudriñando la palabra de Dios concordando, analizándola y meditándola. Algún día juzgaras su valor no por ti mismo sino por medio de la Biblia, el Espíritu Santo nos guiará y nos dará la sabiduría y revelación para saber el propósito que Dios quiere para cada uno de nosotros en nuestra vida.

Estas joyas que buscan los mineros si se juntaran a lo largo de varios días, meses o hasta años, constituyen una autentica fortuna, que hace a sus dueños vivir más que decentemente hablando en términos materiales.

Pero estos textos que estas estudiando por medio de este libro se juntaran con toda la Biblia y si la estudiaras toda, podrían pasar días, meses o años y encontrarías el tesoro escondido y el secreto para llegar a la verdadera felicidad, la que Dios nos ha preparado. Aquí tendrás el buen éxito y encontraras el valor de tu vida.

Si tu corazón sabe descubrir dónde has puesto tu tesoro desearás algo para hacer en tu vida. Como las aves descubren el deseo de volar, los peces de nadar, aprenden a desarrollar lo que Dios les dio.

Cualquier cosa que hagas, no es diferente a un minero. Puedes encontrarte en este caminar con muchas personas que serán "guijarros" en tu vida para que dejes los caminos de Jesús. Pero atesora las joyas que puedas rescatar de cada texto Bíblico y entre experiencias, no conserves los guijarros, guarda las joyas de las experiencia vividas. Los resultados no solo serán esmeraldas, porque irás buscando no sólo en minas si no en mares y encontrarás el tesoro que estaba escondido y al fin lo encontraras; que es el reino de los cielos (Mateo 13:44).

No es posible esperar que en cada limpia que le das a la mina de la vida o en mares te encuentres estas joyas. No es una actitud sana y real. Cuando empieces a leer la Biblia te llevara tiempo hasta que logres lo que deseas y encuentres lo que buscas, pero solo es cuestión de dedicación y seguir orando con fe (Hebreos 11:6).

¡No te quejes si sufres para lograr esto, se pule la piedra que se estima, la que vale te duele, déjate tallar, con agradecimiento, porque Dios te ha tomado en sus manos como un diamante! No se trabaja así cualquier piedra.

Así como una perla se forma en el interior de una ostra es pasada por un sufrimiento, es tallada y pulida hasta que llega a este nivel de gran valor, logrando una belleza inexplicable y su brillo hermoso asemeja al de Dios.

El proceso de las perlas es semejante a nuestra vida procesada por Dios. En 10,000 ostras hay una sola perla, son tan codiciadas que han estado desapareciendo. Hace 150 años que fueron descubiertas. Hay buzos que desde la mañana que sale el sol hasta que se mete salen a buscar ostras arriesgando su vida por serpientes marinas venenosas, peces piedra, tiburones, medusas que son tan pequeñas que casi no se miran pero pueden ser mortales.

Encontrar la concha es el proceso más difícil, los pescadores que se dedican a trabajar esto, nadan por horas y se tienen que meter a lo más profundo para poder encontrarlas.

Sabías que tu eres una perla preciosa y de gran valor para Dios, asi dice en su palabra: "El reino de los cielos se asemeja a un mercader que busca perlas finas. Cuando encuentra una perla de gran valor, sacrifica todo lo que tiene para comprarla". Creemos que el mercader es el Señor Jesús. La perla de gran precio es la Iglesia. En el calvario, Él lo dio todo para pagar el precio esta perla que somos tú y yo. Así la Iglesia fue formada por las grandes heridas del cuerpo de Jesús" (Mateo 13:45).

Anduviste en mares buscando joyas en igual manera que el minero y has encontrado que "El temor del Señor es la sabiduría…y huir del mal es la inteligencia". Es esto algo grandioso. Romanos 11:33-36, Job 28:28 y proverbios 2:1-13: "Entonces entenderás la justicia, la rectitud y la honradez: Estas te conducen a la felicidad".

El Reino de Dios es como un tesoro escondido revelado a gente sencilla. Ahora nos invita a que no dejemos pasar la ocasión cuando el Reino venga a nosotros. "El hombre que lo descubre; su alegría es tal, que va a vender todo lo que tiene y compra ese campo" (Mateo 13:44).

Muchos han buscado durante años la palabra, la persona, o la esperanza que daría un nuevo sentido a su vida y un día salen a la búsqueda.

Dice la parábola: "ve vende todo lo que tienes". Habrá que despojarse de costumbres, deseos y diversiones que ocupaban primer lugar en nuestra vida y cuando vengan las pruebas no se debe olvidar del tesoro que ya hemos encontrado.

No es el hecho que un hombre tenga riquezas lo que le impide alcanzar el reino de los cielos; sino el hecho de que las riquezas lo tengan a él. (Mateo 6:19-21 y 6:33).

Habla en este pasaje que Jesús se ocupa de todas nuestras necesidades materiales. Su preocupación es prevenir que pongamos en primer lugar todo esto y nos olvidemos de ponerlo a Él en el centro y primer lugar de nuestro hogar, ya que podemos caer en tentaciones que son materiales; riquezas aquí en la tierra, cosas pasajeras. No es malo tener cosas buenas sin sobrepasar los límites. En esta tierra nada es seguro ni duradero, todo lo que tiene que ver con el reino de Dios, es seguro y permanente.

Tristemente es más fácil codiciar riquezas terrenales que las espirituales. Nunca olvidemos que las riquezas terrenales son corruptibles.

Hay riquezas celestiales que nosotros los cristianos deseamos tener. Pablo las llama riquezas celestiales en Cristo Jesús (Efesios 1:3).

Las riquezas celestiales son seguras. Los ladrones no pueden violentar el cielo; no pueden entrar para quitarnos esa herencia celestial. Esto lo asegura el amor de Dios (Romanos 8:32-39).

Pertenecer al reino de Dios es poseer el mayor tesoro. No hay riqueza mayor que la que se encuentra en la palabra de Dios. Proverbios 2:1-5: Si la buscas como a la plata y la rebuscas como un tesoro, entonces comprenderás el temor de Dios y hallarás el conocimiento de Dios.

Se describe el ministerio de los cristianos del siglo primero, "su fe; el tesoro". Heredamos una riqueza enorme de nuestros antepasados en fe, lo que nos ofrece Jesús. "Ser humillado con Cristo será una riqueza mejor que los de Egipto" (Hebreos 11:26).

Es la fe la certeza de lo que se espera, es la convicción de lo que no se ve. Por la fe creemos porque no lo vemos. La fe viene por el oír la palabra, la fe es lo que mueve a Dios (Hebreos 11:1).

El deseo de Dios es bendecir aquellos que tienen corazón obediente, bondadoso, y agradecido cuyo verdadero tesoro esta en el Señor.

"Tengan mi enseñanza antes que adquirir plata y busquen el saber antes que el oro, porque la sabiduría es más preciosa que cualquier joya y nada se le iguala de lo que desean los hombres" (Proverbios 8:10-11, Romanos 11:33-36, proverbios 2:1-13 y Job 28:1-28).

SI TIENES UN ANCLA EN EL MAR NO SE MUEVE. CUANDO TENEMOS PROBLEMAS PERSONALES EN NUESTRA VIDA, NECESITAMOS BUSCAR PRIMERO EL TESORO QUE ES JESUS ANTES DE ENTRAR AL MAR. EL NOS DARA LA SABIDURIA DE COMO SACAR PRIMERO EL ANCLA Y RESCATAR EL TESORO.

CAPITULO 2

VIVIR ES PRACTICAR EL AMOR

VIVIR LA VIDA NO ES SOLO EXISTIR, SINO VIVIR PRACTICANDO EL AMOR, EL SERVICIO A LOS DEMAS, A LOS MAS DEBILES SOBRE TODO; LOS QUE NECESITAN DE UNA PALABRA QUE LES LEVANTE EL ANIMO O NECESITAN PAN. DE LA GENEROSIDAD VIENE LA PROSPERIDAD. TAMBIEN SER FELIZ CON LO QUE DIOS TE DA, PERO TAMBIEN SABER SUFRIR. "ENTONCES ENTENDERAS LA JUSTICIA DE LA RECTITUD Y LA HONRADEZ: ESTA TE CONDUCE A LA FELICIDAD" (PROVERBIOS 2:7-9 Y MATEO 5:43-48).

Al contemplar las golondrinas alrededor de este mar, ver sus plumas, el movimiento de su vuelo al escuchar su canto le doy gracias a Dios por este pasaje tan hermoso. Veo en ellas una lucha para llegar a su destino, tienen que emigrar de un lugar a otro para poder sobrevivir viendo unas por otras en unidad y amor, esto es su buen éxito.

Cierro mis ojos escucho su canto y recibo el eco de Dios. En su música se percibe alegría; una nota de ángeles, tiene un sonido, un eco que te lleva a la presencia de Dios. Experimentar esto es como un éxtasis entre tú y Dios. Escuchar su voz es andar en el camino que nos guía Dios, para que nos vaya bien.

Los pájaros que Dios creó son los mejores cantores de la naturaleza.

Como podemos asegurar que hay un diseñador en la naturaleza que es Dios; hizo todo perfecto, desde cómo se alimentan los pájaros, hasta como pueden volar y dormir; ellos pueden dormir sobre una rama, sus músculos flexores tensan el tendón de los dedos, que se curvan afianzando las patas y garras alrededor de la rama. De esta manera consiguen fijarse de manera estable mientras duermen. Cuando duermen las aves sobre los arboles necesitan camuflarse; algunas se quedan quietas para mimetizarse con las ramas.

Las aves son las criaturas más maravillosas para volar. El hombre las quiere imitar pero nunca ha podido.

Las aves tienen plumas con ellas les ayudan a equilibrar a sus huesos, las plumas están cordinadas cada una para poder volar. El vuelo de ellas se mueve con el aire. Es maravilloso como están diseñadas. El Señor ha equipado cada ave con su equilibrio; esto es sabiduría de Dios.

Hay algo muy interesante en las golondrinas esta ave es fiel a una pareja durante toda su vida; siguen la voz de Dios y conocen el juicio de Él (Jeremías 8:7).

Mirando un pasaje de sus vidas, me doy cuenta como un macho encuentra a su compañera al fin de tanto buscarla, estando tirada en el suelo gravemente herida, le trata de dar comida, se ocupa de ella de una manera excepcional de amor y servicio. Vivir no es de nosotros, sino viene por otros. Como ayudando y amándonos unos a otros, como el primer mandamiento de Dios.

Cuando estas golondrinas se reúnen, se juntan en unos momentos increíbles, en los momentos que pasan, existe una unión entre ellas cuando la gente o cualquier animal las quiere atrapar, son muy codiciadas y tienen un valor alto al venderse. La mayoría de las golondrinas ya no vuelan por tierra lo hacen por el mar, saben que es su protección para no ser atrapadas por el hombre. Hay un proceso, un periodo de renovación actitudes activas de protegerse unos a otros, pero hay un líder que las protege y las dirige cuando están pasando persecuciones. Ellas nos dan muestras de amor, servicio y unidad a los demás; a los más débiles, Claro hay lideres que sufren pasando persecuciones, pero son felices al dar amor y servicio a los demás en unidad y esto fortalece su espíritu (Efesios 4: 15-16).

En el libro de 1 de Samuel 22:1-4, habla de David, un líder que dio amor y servicio por los más pobres y débiles, aun estando refugiado en la caverna de Adulan, le hace feliz a pesar de pasar persecución cuando lo perseguía el Rey Saúl. En el capítulo 22 versículo 2, no disimula que vinieron a David los que se encontraban en apuros, afligidos con deudas o amargados. Las guerras que permitieron al pueblo de Dios vivir y progresar. En esto se parecen a las luchas que se llevan en cualquier lugar del mundo, seguros cuando sus líderes tienen como David, un sentido muy elevado de su misión y los hace sentir protegidos y amados por Dios usando a un gran líder.

Tenemos otro ejemplo de José en la cárcel como ayudó al panadero y al coopero se hizo amigo de ellos. Tú no debes de acercarte por lo que la gente es, sino por lo que Dios va hacer por ellos.

David se hizo amigos de todas esas personas que estaban en apuros, con deudas o amargados y David salió adelante con la ayuda de ellos, y lo eligieron su jefe en agradecimiento por lo que Dios hizo en ellos; unas criaturas nuevas, hijos de Dios. Eran cuatrocientos hombres bajo el mando de David. Las guerras los permitieron salir adelante, estas personas terminaron ya rehabilitadas; convertidas. No importa de donde vinieron sino en donde están hoy. En esto se parece a las luchas a favor de las causas más justas. Podemos estar seguros de que no faltarán los elementos dudosos o corrompidos en las mejores causas (Efesios 6,10 y Salmo 56:10-13) El Salmo 37 dice: "la felicidad será para el justo y la ruina para los impíos"

David sufrió por todo lo que paso pero fue fortalecido por Dios y guiado por la sabiduría que le dio para salir adelante, al final su felicidad fue grande al ver a todas esas personas tomadas por Dios y haciéndolos hijos suyos. "ESTAR FELICES EL RESTO DE NUESTRA VIDA SIN IMPORTAR LA SITUACIÓN ESTOS SOMOS LOS QUE CREEMOS EN DIOS" (Isaías 65:18, salmo 4:7-8 y 5:11).

El bien que haces hoy puede ser olvidado mañana, esto es vivir la vida, no solo existir, sino hacer el bien, vivir y practicar el amor. Esto es un secreto para llegar al buen éxito.

EL ECO DE DIOS

LAS GOLONDRINAS

SU VUELO indica seguridad en su vida.

SU CORAZÓN conoce el juicio de Dios.

SUS ALAS están listas para recibir la venida de su Señor.

SU ECO en su canto percibo la presencia de Dios y su salvación.

SU VISTA esta siempre directa a lo correcto.

SU IMAGEN va en bandadas de unión volando a su emigración. Buscando tiempos mejores para sobrevivir.

SU ÉXITO es llegar a su destino.

SU SÍMBOLO es la llegada de la primavera, alegría y amor.

El sol, la luna y todo el ejército del cielo se alegrará con esas golondrinas en pos de quienes amaron y a quienes sirvieron, en pos de quienes anduvieron, a quienes preguntaron, y ante quienes se postraron a Dios.

SER COMO UNA GOLONDRINA ES NO ESTAR EN SILENCIO, SU CANTO RESUENA AL OÍDO Y TE HACE ENTRAR A TU CORAZÓN ALEGRÍA Y AMOR, ASÍ RESUENA NUESTRA VOZ CUANDO HABLAMOS DE LA SALVACIÓN.

Sandra Luz Chávez.

CAPITULO 3

UNA SOLA OPORTUNIDA EN TU VIDA

UNA SOLA OPORTUNIDAD PARA VIVIR UNA VIDA DIFERENTE DÁNDOLE VALOR, vivir la vida es ser un hombre útil y no ser un hombre inútil, sin valor a su vida, integro, justo, recto y honesto aunque los demás no vean esto como principios, son importantes en tu vida, éstos te conducen a la felicidad (Proverbios 2:1-9).

Cuando llegue a Estados Unidos me di cuenta que la ley era más correcta que en otras partes del mundo que conocía; se sentía olas de humanidad, para que sea esto tiene que haber valores espirituales en los lideres de este lugar. Las autoridades te dan la oportunidad de que conozcas tus fallas morales y actúan casi la mayoría justamente, dándote oportunidad de que reconozcas tus errores y te previenen que si no te retractas al cometer un delito federal o judicial quedara registrado, y te dan la oportunidad de corregirte a según en el área que sancionaste a la ley. Las autoridades te hacen entender que eres una persona valiosa y te dan la oportunidad de rectificar tus errores; sobre todo cuando eres demasiado joven, y esto será para que seas capaz de dejar algo positivo al mundo a pesar de lo que estas pasando. A veces a pesar de esto no tomas esta oportunidad que te está dando la vida. Se dejan llevar por sus deseos sin pensar en lo que están haciendo sino vivir el momento.

Aquí hay demasiada inmadurez e inseguridad o problemas familiares en casa. Toman en cuenta tus derechos. Si no te rectificaste tarde o temprano sufrirás las consecuencias de tus faltas y poco a poco tu vida quedará destruida. Puedes elegir una nueva vida provechosa hay una esperanza, una luz. Viene una vida nueva llena de acciones buenas de bondad, amor, respeto, honestidad, trabajo e inteligente. Estos puntos serán útiles para compensar todo lo anterior. Tener una imagen nueva contraria a esa imagen mala que había antes y su nombre quedará limpio y la misma sociedad le dará un galardón y quedará quizás en el libro lo que tú te forjaste, pero tú te encargarás con el tiempo de borrar todo lo malo que quedo atrás.

Todo esto pasa por un juez y el haber sido castigado con una sanción y a veces hasta la cárcel, puede servir para madurar pero aún tiene la oportunidad de cambiar de actitud y poder llegar a una nueva meta que usted ya se propuso, al buen éxito de su vida misma que usted se merece al haber rectificado lo anterior.

El buen éxito se adquiere no se tiene en un día si no diariamente. Aunque posiblemente quede registrado su caso en los archivos de la ley; las leyes son rígidas, exigentes y no hay que jugar con ellas. Mentir es un delito, hacer trampas es un crimen, no obedecer a la autoridad te convierte en un delincuente.

Si obedece la ley vives en paz contigo mismo y con las autoridades, pero si eres descubierto haciendo algo malo tienes pocas posibilidades de quedar impune. Es difícil hacer algo oculto; "por abajo del agua" como decimos en México, dar mordida, o sea dinero con esto ofendemos a las autoridades. Hay dignidad y respeto, respetando las señales de tránsito es otro ejemplo, hasta existen cámaras para comprobar, es difícil ocultar el crimen.

Tenemos ley por si alguien comete el más mínimo abuso contigo como físicamente o verbalmente; esto es un delito, puedes acusar a la persona directamente con un policía, tu testimonio es suficiente. Ellos son muy preparados para saber si mientes o no. Puedes poner una demanda o hasta exigir una compensación por los daños que te hicieron.

Hay cosas más buenas que malas en este país, pero existen casi el 70 por ciento de jóvenes sin principios y valores que son del linaje de la liberación sexual. El sexo lo toma como una prueba para saber si funciona la relación y creen que esto es lo más importante, caen en un juego de dos personas sin madurez. El sexo es una parte importante en una pareja pero si no hay amor, comprensión, comunicación y respeto no sirvió de nada esa relación. Es un riesgo vivir con una persona que solo te uso para sus satisfacciones sexuales y esto es en contra de Dios. Casados es diferente, luchan para ser compatibles como pareja, pero a veces pasa que al principio de la relación se siente que no concuerdas con tu pareja en este sentido de la intimidad, existe ayuda tanto sicológica como espiritual, sabemos que el doctor de doctores es Jesús y te das cuenta que poco a poco se va solucionando este problema, porque solo El te da la solución, pues el bendice el matrimonio. Es mejor luchar juntos si existe este problema con tu pareja ya casados como Dios lo quiere, y así hay un compromiso; que arriesgarte a tener una relación como novios, porque esa lucha que toman juntos es porque se aman. Una persona que tuvo relaciones sin casarse no es correcto hacerlo, arriesgas muchas cosas; una muy importante: como embarazo no deseado, no tener suficiente amor por tu pareja o inmadurez, después viene un ser inocente a tu vida sin planear, inmaduro para ser padre y sin tener la manera de mantenerlos.

Ser honesto, integro y justo es una parte para llegar al buen éxito de tu vida misma, esto te lleva a una vida llena de valores y principios.

Lo más impresionante en tu vida es perder tu libertad a causa de ser deshonesto contigo mismo y los demás. Ser honesto aunque no te vean, es tener valores y principios en tu vida misma.

El respeto es el reconocimiento del valor propio y de los derechos individuales de la sociedad, esto nos permite vivir en paz. Es un valor que permite que el hombre pueda reconocer, aceptar, apreciar y valorar las cualidades del prójimo y sus derechos.

Te queda una sola oportunidad para vivir una vida diferente y es vivir el presente, lo que ya eres hoy. Nunca te vayas al pasado, y ¿Cómo decido romper el pasado? esto es ir a un presente o futuro. A veces tomamos decisiones erróneas, no teniendo una visión clara de lo que quiero, no es fácil decidir salirte; pero hoy te has convertido en un ser nuevo y eso es lo que cuenta para valorar tu vida. Empiezas una vida diferente. Ya no hay un hueco en tu vida; pues lo llenaste de amor. Si no sucede algo que te enfrente a esto no puedes cambiar. Para entender esto; Define lo que eres todos los días de tu vida logrando tus metas y siempre piensa que Dios te dio la vida y libre albedrío para hacer el bien o el mal. Tu camino tú lo forjas. Dios te ayuda si escoges el camino del bien a vencer el mal. Esto te hace más importante que lo que puedas tener. Jesús dijo: "¿De qué le sirve al hombre ganar el mundo entero si se pierde así mismo?".

Decide hoy mismo Dios y tus principios son el centro de tu vida y cualquier problema que tengas estos te ayudará, como la integridad, respeto, honestidad, amor, lealtad, trabajo y paciencia. Estos son importantes, se necesita fe en Dios para vivir los principios como El quiere que los vivamos. Encontrar y seguir esto es lograr el buen éxito de los sabios es aquel que tiene a Dios en primer lugar; este lleva su sendero de vida recto y es justo en lo que hace

CAPITULO 4

HERRAMIENTAS PARA OBTENER EL BUEN EXITO EN TU VIDA

1. Tus actos son lo que definen quien eres.
2. A Dios no le interesa lo que fuiste en el pasado si no lo que eres hoy.
3. Admitir que no lo sé todo.
4. Tu valor no es lo que haces si no lo que vales.
5. El perfecto amor desecha el temor, ese es el amor de Dios.
6. Perdona es un acto de amor, hacerlo te hará libre, borrara el pasado que te hizo daño para poder llegar al futuro.
7. Tú no debes de hacer amigos por lo que la gente es, sino por lo que Dios va hacer por ellos. No importa de donde vinieron, sino donde están hoy.
8. El bien que haces hoy puede ser olvidado mañana. Es vivir la vida, no solo existir, sino vivir y practicar el amor, siempre haciendo el bien.
9. Tener luchas no es que este vencido, no te quedes ahí, Dios tiene algo nuevo para ti. El maestro Jesús esta callado durante la prueba. Después contarás las luchas como bendiciones.
10. Lo pequeño no es igual a lo fácil, cuando tienes todo es fácil, pero cuando vives de algo pequeño es mejor, se vive feliz con lo que tienes.
11. Hay dos éxitos, uno por medio del hombre; que es el dinero, y el buen éxito por medio de Dios; es la sabiduría que te ayuda a tomar

buenas decisiones en tu vida y te libera de no hacer locuras y no caer en desgracia.

12. Si quiere ver o tener valor a tu vida misma necesitas hacer cosas diferentes para ver tu vida diferente.

13. Creer que Dios quiere prosperarte es el mejor secreto de tus sueños.

14. Cuál es la clave o el secreto para que estos sueños se hagan realidad ?... es servirle a Dios. Él nunca tardará cual fuere tu necesidad, para Dios no hay imposible.

15. La sabiduría es la habilidad desarrollada a través de la experiencia, la iluminación, y la reflexión para discernir la verdad y el ejercicio del buen juicio. La sabiduría de Dios nos enseña a vivir con amor, respeto, lealtad, humanidad y usando los valores tanto espirituales como sociales, esto te lleva a la verdadera felicidad y al buen éxito.

16. La bondad es el principio que viene del amor, y el respeto por todos pero principalmente por los más débiles. Es la primera condición para saber vivir. De la generosidad viene el buen éxito.

17. El buen éxito se adquiere, no se tiene en un día sino diariamente.

18. Lo que tú crees en este momento te va suceder, porque ya lo visualizaste. vernos ya triunfadores en lo que vamos hacer, saliendo todo productivo y esto se hace realidad porque estas pensando positivamente.

19. Cuanto más énfasis pongas en lo que quieres, tendrás pasión, al trabajo o lo que hagas siendo bueno en lo que haces. Siempre enfocándote en una cosa. Empujar la timidez y no ser inseguro, más intenso ese será tú buen éxito.

20. Nunca tengas miedo a la vida, quien se nuestra valiente adquiere seguridad. "DEJA EL MIEDO MOSTRANDO UNA RAZÒN PARA VIVIR"

21. Si quieres buen éxito tendrás que ganártelo no sólo con decir quién soy yo, sino estudiando. La lucha es el triunfo por lo que quieres.

22. Siempre tienes que ser positivo en tu vida diaria, con esto crecemos, fijamos nuestro carácter correctamente, somos capaces de emprender más y triunfamos en diferentes retos; perdemos el miedo. Vencer es una de las metas más importante en tu vida.

23. derrumbar cualquier muro, pared emocional u obstáculos que impidan en tu vida llegar al buen éxito. Hoy es tu día en que decidas cambiarla, tú naciste con poder para hacerlo.

24. Si haces todo con inteligencia, ganarás mas para tu vida y trabajarás menos. Hacer cosas sin pensar, trabajarás más, tu vida será agotadora y vivirás una vida de poca calidad.

25. Eres autor de tu propio destino; GANAS O PIERDES. Crece y realízate como persona y serás feliz sabiendo lo que quieres y a dónde vas.

26. No vivas tu vida sin sentido haciendo cosas que no te benefician, no corras sin pensar si te puede perjudicar. Primero piensa o pregúntate si está bien lo que vas hacer y luego actúa. Jesús dijo: "¿De qué le sirve al hombre ganar el mundo entero si se pierde así mismo?".

27. Vivir no es vivir por nosotros mismos; sino ver por otros, esto es tener el mejor éxito.

28. Estar felices el resto de nuestras vida sin importar la situación; estos somos los que creemos en Dios (Salmo 37-11).

29. Tener una buena relación con tus padres; respetarlos y llevarte bien con ellos ya que son tus mejores amigos,

30. Toma el control de tu vida, no permitas que te manipulen los demás.

31. No dejar que entren a tu vida las adiciones. Luchar por esto.

32. Tener seguridad en todo lo que haces viviendo cada día superándote y tendrás frutos en abundancia. Hay que entregar algo para recibir algo.

33. Ser feliz con la vida que tienes a pesar de los problemas. Reír vence esto.

34. Tener virtudes, lealtad, principios y valores en tu vida es tener buen éxito.

35. Tener un equilibrio en todo lo que hagas en tu vida.

36. La medicina que funciona en nuestra vida es el gozo del Señor, claro si en tu corazón está Él, viene un buen día.

37. Vivir la vida es no estar tristes sino llenos de gozo. Esto es cuando empieza la reconstrucción de esos muros caídos y rescatas los tesoros que Dios tiene para ti.

38. Vivir la vida es entrar a la presencia de Dios teniendo buenos pensamientos, buenas palabras y buenas acciones.

39. El buen éxito es la pasión por amor a tu trabajo y a todo lo que haces para bien de tu vida y de los demás.

40. Ser persistente en ideas o en lo que quieres; visualizarlo como un hecho, es una de las bases para el buen éxito.

41. ser una persona íntegra y valorada es tener buen éxito en tu vida misma.

42. Creer en lo que estás haciendo es tener buen éxito, aunque otra persona te diga que no tiene valor lo que haces.

43. Se vale soñar, pero tienes que tener cuidado a quién le cuentes tus sueños. La envidia puede apagar estos sueños.

44. Cuidado como soñar, se pueden cumplir tus sueños pero también pueden ser vanidades.

45. Planea tu futuro con la sabiduría de Dios para tu vejez. El rey Salomón y David lo hicieron (Eclesiastés 12:1, Proverbios 3:13 y Salmo 71:17-24).

46. Ser feliz en tu vida es hacer lo mejor de ti. No necesitas tener lo mejor sino hacer lo mejor.

47. empieza a reconstruir los muros que un día empezaste, pero por tus inseguridades, vicios o miedos no pudiste seguir; hacerlo te ayudará a valorar tu vida y tomar interés en lo que haces.

48. Deja que la fe te sostenga por medio de Dios y su esperanza anime a tu vida.

49. Conociendo la Biblia y obedeciendo sus mandamientos sin olvidar la relación con Dios, la alabanza y oración es la base para tener buen éxito.

50. Ganar no es el triunfo, sino la lucha por lo que quieres. Un ganador fue un perdedor que tuvo el coraje de intentarlo una vez más; estos son los hombres de honor fracasar en lo que crees tú mismo. Esfuérzate y sé valiente. (josue 1:9)

51. El buen éxito de los sabios es tener a Dios en primer lugar, siendo recto y justo con lo que hace en los senderos de tu vida; esto te hará conocer los secretos de Dios.

CAPITULO 5.

PERDONAR ES UN ACTO DE AMOR.

De la falta de perdón se alimenta el egoísmo y viene el odio lo opuesto del amor (Lucas 23: 34).

La falta de perdón te lleva a la amargura. Pueden justificar y decir: "tenme paciencia estoy en un proceso de perdonar". Aquí el diablo puede robar el gozo, alegría, y valor a tu vida en el proceso.

Dios te dice: siervo inmaduro, la falta de perdón es una maldad cuando uno trae amargura, enojado, molesto y enfurecido es falta de perdón. Dios se molesta cuando entramos en esto. Pensamos que nada a pasado, pero cuidado porque puede venir la ira de Dios. Hay tormentas muy fuertes, el cuerpo está dolido, se guardan resentimientos, no mira futuro en su vida. EL PERDÓN ES EL SECRETO PARA SER FELIZ. Jesús dijo: "Perdónalos Padre porque no saben lo que hacen" (Lucas 23:34).

Abdías es un profeta de Dios, que usa esta oportunidad para condenar a Edom por pecados contra Dios y contra Israel. Los Edomitas son descendientes de Esaú, mientras que los Israelitas descendientes de Jacob, su hermano gemelo. Una disputa entre los hermanos ha afectado a sus descendientes por más de 1000 años. Esta división hizo que los Edomitas prohibieran a los Israelitas pasar por su tierra durante el Éxodo de Egipto. Los pecados de orgullo de Edom ahora requieren un severo juicio de parte de Dios.

El mensaje de Abdías es ineludible: el reino de Edom será destruido en forma completa. Edom ha sido arrogante se ha gozado en las calamidades de Israel y cuando ejércitos enemigos atacan a Israel y los Israelitas piden ayuda, pero los Edomitas se niegan, optan por pelear contra ellos, no a su favor (Abdías 1:10-14).

Estos pecados de orgullo ya no pueden ser pasados por alto, la Biblia concluye con una promesa de la liberación de Sión en los últimos días, cuando la tierra será restaurada al pueblo de Dios y Dios reine sobre ellos.

No hay que ser como los Edomitas teniendo un orgullo perverso; el trato a sus hermanos incluye traición y abandono hay que salir de aquí primero tienes que reconocer que necesitas ayuda. No te engañes a ti mismo, el mismo orgullo te dice "no pasa nada".

El poder de Dios solo puede sanar. Santiago 5:19 dice: No lo dejes al tiempo esto vuélvete a perdonar y pedir perdón por tus pecados; esto te hará libre.

Nosotros los cristianos amamos a nuestros enemigos por la gracia de Dios, es inevitable que existan personas que no estén de acuerdo con esto, que incluso nos hagan daño físicamente o moralmente. Ciertamente, esto es desagradable, pero tenemos que aprender formas de amar. Nunca nos está permitido odiar a nadie por ninguna razón. No podemos confundir la venganza con la justicia, ni almacenar rencores o retener perdones, decir: "yo perdono, pero no olvido". Podemos amar mediante la oración, o con acciones mediante a favor del enemigo. Amar, bendecir o perdonar a los demás, no significa cerrar los ojos ante el mal y la justicia. Tenemos que combatir el mal y denunciar la injusticia, pero hay que amar al pecador; aborreciendo el pecado. Que significa esto: amar a nuestros enemigos (Mateo 5:44).

No puedes cambiar tu pasado enfócate en el presente es el único tiempo en el que tienes control y es el que va a DETERMINAR TU FUTURO. Como lidiar tu pasado eso es cuando pensamos sobre un tiempo que no nos pertenece dejamos de hacer algo en el tiempo que está en nuestras manos por eso no debemos preocuparnos por lo que pasó o lo que va a suceder debemos concentrarnos en el aquí y ahora hay que hacer lo que se tenga que hacer, el pasado, sea cual sea no nos impide hacer eso y así es como lo haremos vamos a caminar hacia el futuro que queremos actuar en el presente no en el pasado y concentrarnos en el tiempo que pude hacer algo.

Hay que olvidar lo que quedó atrás el ayer y vivir el hoy como si fuera el último día de nuestra vida. Luchar por el hoy pensando que si hice algo malo en el ayer que no puedo corregir, hacer hoy algo bueno que deje huella en el presente.

No perdonar equivale a odiar y esto empaña la visión, envenena la sangre y te enfermas y te lleva al fracaso. Definir la ofensa esta resulta a meditarse la oportunidad. Tienes que tener sentimiento de lo que paso en su vida. Las emociones no son malas mientras las controles como dolor, enojo, negación etc. Todos pasamos por esto, pero llegamos a un día de victoria cuando superamos esto. Una víctima oprimida vive con la opresión y una víctima suprimida vive deprimida. Hay pasos cuando una persona vive la depresión ya sea con el esposo o cualquier persona se puede dar crisis. Si no tienes una relación con Dios busca ayuda primero con amigos, familia o a consejería así iras aprendiendo a perdonar. Si una persona te hizo daño, dirás: "lo perdone pero no tengo amistad con ellos", esto es normal, pero hay que bendecir a las personas que aun te hicieron daño.

Orar por sus enemigos no es que voy hacer amigos de ello, pero si ayudarlos a que conozcan de Dios por medio de mi testimonio.

Si perdonamos cancelamos las deudas, Dios no nos está pidiendo cuentas de las deudas. Decíamos antes: "me la vas a pagar", pero Jesús através de su sangre fue la deuda que pago por nuestros pecados, nosotros no somos nadie para juzgar ni desear un mal a los que nos ofende, Dios lo hará conforme a su voluntad.

No dejar que entre el resentimiento sino perdonar es "desatar" en griego, suelta lo que sentías. Si sientes que no puedes perdonar haz una carta para desahogo aunque no se la des. Un proceso de su pasado te desato de mis cuerdas emocionales en este día hasta que tengas la victoria y dándole gracias a Dios por su fortaleza.

Cuando no tenga resuelto su problema con su esposo que es alcohólico, drogadicto agresivo etc. busque ayuda. Viene mucho resentimiento y esto produce una guerra si no hay solución. La meta de esta situación es la restauración, no el divorcio o la separación.

Cuando tenemos más ira que perdón, la persona que nos hiere es como algo estancado; un ancla en el mar que no se mueve cuando no lo perdonamos. Necesitamos buscar primero el tesoro que es Jesús antes de entrar al mar. Él nos dará la sabiduría de cómo sacar primero el ancla y rescatar ese tesoro que está en la palabra de Dios y nuestra familia.

Hay una historia de un minero que sale a buscar tesoros y entre mas tiene más quiere, tiene según todo pero se siente vacío porque busca la felicidad en otras cosas materiales oro, mujeres, deseos carnales y al final de todo se da cuenta que el mejor tesoro lo tenía en casa, pero al ir a ella ya es demasiado tarde, la perdió.

Jesús dio una ley para todos los casados: "Ser imitadores de Dios como hijos amados con amor, Fidelidad, comunicación, compresión, respeto, sacrificio por el otro" (Efesios 5:1-22). Sin este espíritu la misma ley de Dios vendrá a hacer para los esposos una cadena.

Existen los divorcios por muchas causas, pero la más terrible es el adulterio y dice la palabra de Dios: "También fue dicho, Cualquiera que repudie a su mujer, dele carta de divorcio. Pero yo os digo que el que repudia a su mujer, a no ser por causa de fornicación, hace que ella adultere, y el que se casa con la repudiada, comete adulterio" (Mateo 5:31-32).

Jesús nos habla sobre otro tipo de adulterio y nos dice: "Pero yo os digo que cualquiera que mira a una mujer para codiciarla, ya adulteró con ella en su corazón" (Mateo 5:28).

Ser infiel es uno de los pecados más difíciles de explicar a tú pareja e hijos, dices: es complicado, puedes culparme en varias cosas, es un proceso supervisar esto porque paso esto. Debe haber un límite de perdón; soltarlo, perdonarlo un límite que va a haber salida. Pero no debe vengarse de esto. Tener un límite es tener una distancia con los que nos hicieron daño.

La injuria no puede herirnos sino cuando la recordamos. Por ello la mejor venganza es el olvido. "Amen a sus enemigos, hagan el bien a aquellos que los odian, bendigan a los que los maldicen, oren por los que los maltratan" (Lucas 6:27-28 y Mateo5:44).

Jesús nos habla y nos propone formas de convivencias marcadas por un amor sin límites, incondicional, no sólo como correspondencia a los que nos aman, sino también a los enemigos. A los que nos odian o hacen el mal, esto es lo que se llama amor gratuito; la gracia de Dios. No amo a otro por sus méritos, sino simplemente porque es alguien con dignidad, independientemente de la calidad moral de su persona. Así nos ama nuestro padre Dios, ámalos igual. Amando a los que nos hacen el mal o que no nos caen bien. Dice Jesús: "perdónalos Padre porque no saben lo que hacen"; Este es amor gratuito.

EL RESENTIMIENTO: las cosas mejorarían si entendiéramos que tan dañino es el resentimiento esto no es síntoma de un problema de pareja, es la enfermedad. Por eso dice la Biblia que nos deshagamos de los sentimientos de amargura (Efesios 4:31).

El que guarda resentimientos es el que sufre, esto se puede evitar no estar culpando a la esposa, padre, madre o hermano, de lo que está pasando. No es posible controlar la conducta de los demás, es mejor examinar cada uno su propia conducta (Gálatas 6:4).

No podemos controlar las acciones de los demás, pero si podemos decidir cómo vamos a reaccionar, el resentimiento no es la única opción.

Luchar contra el resentimiento es llegar al perdón (Efesios 4:26 y Colosenses 3:13).

Si descubre que es rencoroso, trate de ser más paciente (1 Pedro 4-8).

No vale la pena discutir. Eclesiastés 3:7 nos dice que no es bueno reclamar por todas las ofensas, si cree que hay algo de lo que tiene que hablar, espere hasta que se le haya pasado el enojo (Proverbios 19:11). Cuando uno perdona es mejor dejar pasar porque uno se da cuenta de que el resentimiento podría perjudicar la salud y el matrimonio más que la ofensa misma.

Perdona y serás libre, quita todos los resentimientos, condenaciones, culpabilidades etc.

El perdón te libera y te da paz, la vida te ha dado golpes fuertes y dices porque llegue aquí, que hice y a veces te sientes morir, pero te das cuenta que queda algo, tu vida misma y solo Dios te la quita; tienes que seguir viviendo porque Él te la dio.

Hiciste en tu vida cosas buenas, asumes tus responsabilidades si es que fallaste y te dices vivo en un mundo lleno de miserias y injusticias. Sabes que tu como persona vales mucho a pesar que otro te diga lo contrario aquí ya te amas a ti mismo. ¿Cómo logras esto? amando a Dios conociendo su palabra, así puedes amarte y amar a los demás, así tu vida será diferente. ¿Por qué amar a Dios? porque Él nos amó primero, tanto que dio a su único hijo Jesús para que nos salváramos (Juan 3:16).

Hay enfermedades graves por falta de perdón. La liberación para esto; es el pan de la vida y es la palabra de Dios y la oración, no des lugar al diablo para que entre (Efesios 4:17).

Saúl tenía espíritu de inferioridad, su auto estima lo llevo a hacer acciones fuera de sí. Cuando le dijeron: "Saúl mato a 1000 y David a 10,000" entró un celo a Saúl, un espíritu malo que quiso matar a David, pero Dios lo protegió y le dio dirección para lo que debía hacer y dijo: "Dios es mi salvador, Por qué voy a inquietarme, ¿Por qué me voy a angustiar, en Dios pondré mi esperanza: Él es mi salvador y mi Dios" (Salmo 42:1). David pidió dirección a Dios y perdonó a Saúl. En la historia del Rey Saúl fue diferente no pidió perdón y su vida fue muerte. "Antes sed benignos unos con otros, misericordiosos, perdonándonos unos a otros, como Dios también os perdono a vosotros en Cristo" (Efesios 4:32).

Sin arrepentimiento el juicio será severo, completo y seguro.

Necesitas revelación de la palabra de Dios, saca el pasado de tu vida, esto hará que pueda entrar a ella, las buenas decisiones haran que eliminen muchos problemas innecesarios que padecemos. Tendremos problemas, pues ellos nos ayudan a madurar y crecer.

Adquiere sabiduría poniendo a Dios primero (Proverbios 3:21-24).

PERDONAR ES UN ACTO DE AMOR
NO TE ACUESTES SIN HABER PEDIDO PERDON, O PERDONAR SI TE HICIERON ALGO; NO SABES SI VIVIRAS MAÑANA. EL PERDON LIMPIA TU ALMA
AMA A TUS ENEMIGOS Y BENDICELOS, LA ORACION POR TUS ENEMIGOS LEVANTA TU ESPIRITU.

SI NO PERDONAS A LOS QUE TE OFENDIERON; CUALQUIERA QUE ESTE GUARDANDO RENCOR CONTRA OTRO HA CERRADO EL OIDO DE DIOS HACIA SUS PROPIAS PETICIONES. Y SE PREGUNTAN PORQUE SUS ORACIONES NO SON RESPONDIDAS. EL SECRETO ES QUE TIENES ALGUN RENCOR EN TU CORAZON HACIA ALGUIEN QUE TE HA HERIDO.
(MARCOS 11:25).

HOY NO PENSARE EN LO PASADO, NO GUARDARE RENCOR A NADIE, PRACTICARE LA LEY DEL PERDÓN, ASUMIRÉ MIS RESPONSABILIDADES Y NO ECHARE LA CULPA DE MIS PROBLEMAS A OTRAS PERSONAS, HOY COMPROBARE QUE DIOS ME AMA Y PREMIA CON SU AMOR. PORQUE PERDONAR ES UN ACTO DE AMOR.

ASUMIR RESPONSABILIDADES ES APRENDER A TENER LÍMITES Y TENER UN EQUILIBRIO EN TU VIDA.

No puedo perdonarme a mí mismo, al perder todo lo que pensé en que toda la vida lo tendría y dices: si lo que soy es lo que tengo y lo he perdido, ¿Entonces quién soy?

Muchas veces dejamos de hacer muchas cosas que al pasar los años ya no las pudiste hacer; como la convivencia con tus padres o tu propia familia, se fueron de tu vida o simplemente que estés cansado, agotado para jugar con tus hijos, ir algún lado con tu esposa o simplemente hacer una llamada a tus padres y decirles que los amas. Hay una pregunta muy importante que contestarnos: ¿Cuál es la fuerza que me impulsa en la vida?

Tienes que tener un equilibrio en todo lo que hagas como estudiar, trabajar, deporte, ver televisión, juegos y hasta cuando tienes una relación, etc. También se ve en lo religioso, sales perjudicado agotado en tus fuerzas, llegas a viejo no puedes tener un saludable equilibrio, por algunas de estas cosas que sobre pasaste tus límites en tu vida.

LA RESPUESTA A LA PREGUNTA ES DIOS Y LA FAMILIA.

Es bueno tener una pasión por algo, debemos hacerlo pero no pasar los limites y basar toda nuestra vida en ello.

Hasta aquí no puedes hacer nada por lo que perdiste, quizás puedes recapacitar a tiempo y valorar a tu familia o seres queridos, dándoles el tiempo o prioridad que ellos necesitan sin pasar los límites en cada cosa que hagas en tu vida misma.

CAPITULO 6

RECONSTRUIR O DERRIBAR LOS MUROS DE TU VIDA

"Vosotros veis el mal en que estamos, que Jerusalén está desierta, y sus puertas consumidas por el fuego; venid y edifiquemos el muro de Jerusalén, y no estemos más en oprobio" (Nehemías 1:1-3 y 2:17-18).

VIVIR LA VIDA ES CUANDO TRIUNFAS Y LLEGAS AL BUEN ÉXITO, TOMANDO EN CUENTA A DIOS EN TUS PLANES, ESTO ES PARA QUIEN TRABAJA CON SABIDURÍA Y DE QUIEN SE AUTOEVALÚE.

A) RECONSTRUIR LOS MUROS DE TU VIDA

El espíritu de Nehemías y Esdras despierta para subir a restablecer el verdadero culto a Dios y edificar el templo de Dios. Tuvieron que reconstruir lo que se había perdido todo estaba en ruinas. Dios quiere que se edifique su gloria.

Ellos deben "re-dedicar" sus vidas a reconstruir todo lo que han perdido: el altar, el templo, y su fe en Dios y en su palabra. El éxito en ellos es que se despertaron los que estaban dormidos y empieza un cambio al haberse arrepentido, les dice Nehemías "no estén tristes, sino llenos de gozo" (Esdras 1:11 y Nehemías 8:10).

Ningún problema es demasiado grande para detener un plan realizado en la voluntad de Dios. Nuestras metas deben ser dignas a los ojos de Dios y a los nuestros. Nuestras tristezas de ayer pueden ser nuestros éxitos de hoy.

El éxito viene de la persona que se valora, ama, confía en Dios y en sí mismo, con esto puede llegar a sus sueños y metas. Esto es hacer frente a la vida, olvidar el pasado, no teniendo rencores y viviendo así cada día, así forjaras el futuro.

Encontrarás el secreto del buen éxito y valorarás tu vida cuando empiezas a tomar interés en lo que haces, aunque fracases en lo que crees tú mismo te levantas y sigues. Empiezas a reconstruir los muros que un día empezaste pero por tus inseguridades, vicios, miedos no pudiste construir esos muros.

El éxito es el fruto del carácter, cuando se creyó y se observo. Todos tenemos las mismas oportunidades cuando tenemos una correcta relación con Dios, tenemos el verdadero éxito en nuestra vida, las finanzas y economía.

En Nehemías 1:11, él le pidió un buen éxito a Dios, pero primero valoró su vida.

Para tener éxito es bueno tener esto pero necesitas tener una buena actitud, fe, paciencia y carácter probado (Romanos 5:3-5, Romanos 9:4 y 1 Pedro 4:13-16).

Cuando el éxito te enseña a poner a Dios primero tenemos que luchar, pelear y esforzarnos por lo que deseamos (Colosenses 1:29).

Como pedir a Dios el verdadero éxito para ayudar a nuestros hijos, esposo o demás familia si están en drogas, alcohol, sexo desenfrenado, adulterio, depresión, miedos, inseguridades, ansiedad y temores.

Pastor Carlos X. Chávez, nos dice en el libro que él escribió sobre el éxito de un liderazgo sobrenatural en nuestras vidas, es saber contar siempre con Dios, no se vale sólo de su conocimiento, sino que también sabe que la sabiduría proviene del Dios de los cielos.

Nehemías tuvo la necesidad de ser un líder para ir, construir el muro y las puertas de Jerusalén, esto conmovió su corazón y con una gran pasión, oró delante del Dios de los cielos. Esta es la oración de un líder (Nehemías 1:3-11).

Nehemías le pidió a Dios un buen éxito para restaurar los muros, a pesar de mucha oposición, el muro se completa en sólo 52 días. Sin embargo, este esfuerzo unido es breve, pues cuando Nehemías se ausenta por un tiempo, Jerusalén vuelve a caer en la apostasía. El confiesa los pecados de él, su pueblo de Israel y le ruega a Dios que tenga misericordia de ellos, le dice: "No hemos guardado los mandamientos y estatutos" y le ruega que lo escuche, le pide que le conceda ahora EL BUEN ÉXITO a su siervo, dale gracia delante de aquel varón; el rey.

Agradó al rey al expresarle lo siguiente: "¿Cómo no estará triste mi rostro?, cuando la ciudad, casa de los sepulcros de mis padres, está desierta todos sus muros caídos y sus puertas consumidas por el fuego".

Así es a veces nuestra vida está desierta y estamos consumidos por el fuego del odio que tenemos en nuestro corazón no queremos perdonar y olvidar el pasado lo que nos hace triste. Hay que construir un muro nuevo que nos lleve a una vida de éxito. Estamos en el camino de Dios y todo va bien pero volvemos a caer en andar en cosas malas del mundo y se ausenta la presencia de Dios. Los muros que ya teníamos casi terminados caen, pero dice la palabra de Dios que el pueblo regresa para restablecer el verdadero culto a Dios a través de la oración y animando al pueblo al avivamiento por medio de la lectura, y obediencia de la palabra de Dios (Nehemías 8: 8).

Nehemías como líder, podemos ver que fue Dios mismo el que puso gracia y favor después de que oró. Fue Dios quien abrió puertas y puso todo lo necesario para completar la obra de restauración en Jerusalén.

Hay que hacernos metas "RECONSTRUIR" todos necesitamos tener metas reales, que reflejen visión, metas importantes, metas que incluyan a Dios. La meta de Nehemías es "reconstruir" los muros de Jerusalén, sólo será satisfactoria la obra completa.

Todos tenemos ganas de ayudar a nuestros hijos y a nosotros mismos a cumplir nuestras metas, claro primero reconstruyendo nuestra propia vida y la de nuestros hijos, pero también hay que tener sincera compasión hacia quienes tienen heridas físicas o espirituales, aunque no sean familiares, pero sentir compasión y no hacer nada para ayudar; no es Bíblico, tal vez tengamos que dejar de lado nuestra comodidad o preferencias a fin de ministrar a otros, servir a los demás es algo valioso para tener éxito.

Debemos creer en una causa antes de dar nuestro tiempo o dinero de todo corazón.

Cuando permitimos que Dios ministre a través de nosotros, hasta los incrédulos sabrán que la obra es de Dios.

Nehemías 8:10 dice: "no estén tristes sino llenos de gozo". Esto es cuando empieza la reconstrucción del templo, esto se destruyo por las fallas que tuvieron, pero ya no es tiempo de recordad esto.

Cuando saliste de un lugar de tristeza, al pedirle perdón por todos tus pecados a Dios por medio de Jesús, saliste del pecado, eres una criatura nueva con paz y amor de Dios.

El que está feliz, está esperando cosas buenas, esto produce energía en la fe de Dios

Proverbios 10:28 y 17:22: La medicina que funciona para nuestras familias y demás hermanos creyentes es el gozo del Señor, claro si tu corazón está lleno de gozo viene un buen día.

Gozo es una decisión, no es un sentimiento ni emoción, nada te lo quita solo tú lo puedes entregar (Salmo 118:24). Este es el día en que el Señor actuó en tu vida.

Aquí ya confiaste en Dios, vivir contento por lo que va hacer Dios a su tiempo. A veces decimos ser feliz hasta que tu alrededor cambie; ya sea tu esposo o tus padres. Con el solo hecho que tienes vida tú y tu familia debes ser feliz porque hay una esperanza para que Dios haga algo en ellos (Gálatas 23:25).

La sociedad nos humilla y maltrata pero nosotros como cristianos, actuamos diferente, hacemos brillar a alguien; como Jonatán defendió a David y dio su vida por él.

Nosotros tenemos gozo y alegría a pesar de tener problemas estamos en las puertas de victoria (Prov. 12:20), el hombre de bien estará contento por sus acciones (Proverbios 15:15).

Corazón contento anticipa milagros, si eres feliz aunque las cosas no vayan bien, es que el Espíritu Santo te guía con su presencia, cambia nuestra vida y nos da alegría (Salmo 142:7). Las personas vienen a ti porque tienes un corazón contento, hay una abundancia de alegría y gozo, esto te ayudara a sacar a las personas de depresión o soledad.

B) DERRUMBANDO LOS MUROS DE TU VIDA QUE IMPIDEN LLEGAR AL EXITO.

"Entonces el pueblo gritó, y los sacerdotes tocaron las bocinas; y aconteció que cuando el pueblo hubo oído el sonido de la bocina, grito con gran vocerío, y el muro se derrumbo" (Josué 6:20).

Dios es tan bueno que quiere bendecirnos en todo momento. Vino la palabra de Dios a Abram en visión, en Génesis 15:1 diciendo: "No temas, Abram; YO SOY TU ESCUDO, Y TU GALARDON SERA SOBREMANERA GRANDE". Dios estaba entrando en un pacto o contrato con Abram y para que nunca lo olvidara le cambiaría el nombre de Abram a Abraham. Le pidió obediencia y le dio un heredero Isaac. De lo imposible de no tener hijos lo tiene a los 100 años, Dios cumple lo prometido. En Génesis 17:10 dice: "Este es mi pacto"; la circuncisión. Abraham solo obedeció y le dio a él y a su descendencia la tierra en donde mora, toda la tierra de Canaán en heredad perpetua. Esto se cumple en Josué 6:20, Se derriban los muros de Jericó para rescatar la tierra prometida de Canaán y sus tesoros.

Cuando somos parte de la familia de Dios, las bendiciones que recibimos de parte de Él siempre serán mayores y veremos que es tan poco lo que entregamos, para lo mucho que recibimos. Dios nos dio todo SU AMOR en su único hijo, por su sangre vivimos en gracia (Juan 3:16).

El éxito existe para cada uno de nosotros, pero hay que descubrir el secreto para alcanzarlo, puede estar en un muro que es imposible derribarlo, para descubrir lo que esta atrás de él. El muro será derribado, tú naciste con poder para poder hacerlo pero tienes que creer esto. El muro de Jericó está en cada uno de nosotros cuando se nos hace imposible derribarlo. Esta ciudad tiene todo nuestros tesoros que nos pertenece porqué Dios nos los dio.

Josué nos da ejemplos de obediencia, valentía, perseverancia, fe y esperanza al derribar esos muros de Jericó, donde había ídolos en igual de Dios, por ellos consumió esta ciudad de todo mal, fue entregado a Judá la tierra y todos los tesoros al morir Josué (Jueces 1:1,2).

Tienes que derrumbar ese muro en tu vida, puede ser, que fracasaste en lo que crees tú mismo, tu trabajo, sigues adelante hasta lograr lo que quieres, el perdón, una enfermedad, odio, envidia por alguien que tiene éxito y tú no pudiste llegar ahí; viene el resentimiento. La otra persona que tuvo éxito cambio la imagen y derrumbo los muros; perdonó. La actitud de esta persona que tuvo envidia se arrepintió, se perdonó a él mismo y al que hirió, derribó ese muro que le impedía llegar al éxito. Te creías un fracasado y sentías un resentimiento por la otra persona, pero te retrocedes de la envidia y del resentimiento a la aceptación del valor de esa persona, como Jonatán honró a David por la sabiduría que le dio Dios. Nuestro padre Dios actúa y hace lo que hizo por otros dándoles el doble de éxito (Samuel 18:1-5).

Los hermanos de José tuvieron envidia de el al contar sus sueños y entro celos por la túnica que le hizo su padre (Génesis 37:3). Sus hermanos tuvieron que derribar los muros al pedirle perdón a José por esos celos y envidia que los llevaron a un pecado terrible, fue difícil para José perdonarlos, su comportamiento hirió su corazón, pero lo hizo. Tenemos que aprender de esa historia terrible y a estar contento con lo que Dios nos da a cada uno.

El final de esta historia, José y sus hermanos DERRIBARON ESOS MUROS y rescatan el valor de la familia que es un tesoro que Dios nos dio. Todos ellos tienen un final feliz con el arrepentimiento y el perdón.

A José Dios le dio sabiduría para interpretar los sueños de faraón. "Acaso hallaremos a otro hombre como este, en quien esté el espíritu de Dios. El te ha hecho saber todo esto, no hay entendido ni sabio como tú". Pero el siempre decía: "no está en mi; Dios será el que dé respuesta". Dándole la gloria siempre a Dios (Génesis 41:16 y 38,40). Sus sueños que conto a sus hermanos se hicieron realidad.

Dijo faraón a José: "He aquí yo te he puesto sobre toda la tierra de Egipto y lo hizo subir en su segundo carro, y pregonaron delante de él: ¡Doblar la rodilla!" (Génesis 41:40-44).

CAPITULO 7

TRIUNFAR ES LLEGAR AL BUEN EXITO

"Te ruego, oh Jehová, esté ahora atento tu oído a la oración de tu siervo, y a la oración de tus siervos, quienes desean reverenciar tu nombre, concede ahora BUEN ÉXITO, a tu siervo, y dale gracia delante de aquel varón" (Nehemías 1:11)

VIVIR LA VIDA ES SOÑAR TRATANDO DE LOGRAR LO QUE DESEAS, TUS METAS Y PROYECTOS CADA DIA.

¿Cómo lograr tus sueños? El éxito se adquiere, no se tiene en un día sino diariamente llegando a tu destino. Fracasar en lo que crees tú mismo, viene el éxito.

TE LEVANTAS Y LUCHAS HASTA LOGRAR LO QUE QUIERES.

Tu éxito consiste en valorar tu vida. ¿Cómo tomar la decisión de cambiarla ya?, ¿Qué decisión tomarías, las que te perjudican o la que ganas? Todo esto es un precio, si tomas decisiones y no ofreces nada a tu vida quedas estancado. Dejar a un lado lo negativo, ganar no es el triunfo sino la lucha por lo que quieres, no resistas por lograr esto. Un ganador fue un perdedor que tuvo el coraje de intentarlo una vez más; estos son los hombres de honor. Esfuérzate y sé valiente; entonces haras prosperar tu camino, y todo te saldra bien; el que se muestra valiente adquiere seguridad. (Josue 1:9)

Si no has logrado tu éxito, visualízalo viéndote ya triunfador en lo que vas hacer y esto se hace realidad, porque estas pensando positivamente, debes declarar siempre lo que todavía no se ha hecho pero ya está en tu conciencia, declaras que es verdad y se hará lo que piensas positivamente.

Tienes que lograr tus metas visualízalas quiere decir que ya están hechas. Tu vida tiene que tener sentido primero para ti y después para los demás cuando ya dejaste huellas. Esto es vida lo necesitas para crecer y todo esto es todavía si decides dar y ganar es cambiar tu forma de pensar ya viene una vida diferente para ti. Ama a todos y has algo por ellos. Claro primero has algo por ti; amate y luego amas a los demás. Solo esto puede cambiar tu vida.

Siempre piensa en todo lo que la vida te ha dado. Claro buscando la sabiduría y el buen éxito agarrado de la mano de Dios (Colosenses 1:29).

Esto es gratuito para ti, logras tus éxitos y decides llegar a la meta cambiando tu forma de pensar siendo positivo, sonríele a la vida a pesar de haber problemas.

Hasta aquí eres importante para Dios, eres grande para otros también. Llegar aquí es esforzándote por lo que quieres.

Tu nueva vida es el regalo más grande de Dios, ahora disfrutas el amanecer, el atardecer de cada día y se te hace bella la vida. Tener visiones es tener una causa para vivir.

Se vale soñar la vida se te dio para esto, no para quedarte estancado.

Construye un mundo nuevo, esto es tener una causa para vivir la vida transformándote para ser mejor. Como las águilas vuelan hacia arriba y no mirar hacia abajo, todo lo malo quedo atrás.

Dar tiempo a otros que nos necesitan es tener éxito en tu vida. El amor rompe los límites del orgullo; esto mata al hombre.

Aquí llegas a la cima como las águilas, correrás y no te fatigaras.

Tendrás caídas aprendiendo de los problemas. Que nadie te robe este enfoque en tu vida de dar más al que está a tu lado y necesita de ti, serás como las estrellas del cielo brillaras como ellas.

Cuando eres soñador siempre hay envidias en otras personas, pero tienes que aprender y no caer en las trampas de las personas que te envidian, tú estás soñando y ellos no.

Cuando Dios te va a llevar a otro escalón primero necesitas menguar para que Él suba. Esto nos enseña a ser humildes, tienes que pasar por esto antes de LOGRAR TUS SUEÑOS para llegar a tus metas como soñador. Este proceso es difícil, pero lo lograrás pidiéndole a Dios su ayuda.

José el soñador pasó lo mismo, está soñando, sus hermanos lo llevaron a un pozo profundo que no pude salir solo, pero aprende hacer humilde, pidiendo la ayuda de Dios; si no pasa esto no puedes llegar al sueño de tu vida.

La envidia de sus hermanos los llevo hacer esto. Cuando eres soñador pasaras por dificultades, pero tienes que aprender y no caer en trampas de las personas que no soportan esto, por eso tienes que tener cuidado a quien le cuentas tus sueños. Todo por la envidia que tú sí puedes y ellos no.

Eres autor de tu propio destino, ganes o pierdas, sigue adelante no voltees hacía atrás, siempre hacía adelante aunque tropieces levántate y sigue de nuevo. Así borraras el pasado que te daño para poder llegar al futuro y dirás ¡si se puede!

Escucha la voz de Dios y tu alma sabrá quién eres. No dudes nunca de ti y todo podrás alcanzar, no dependas de nadie solo de Dios; él será tu guía.

Vive tú vida cada día mejor superándote y tendrás frutos en abundancia.

Deja que la fe te sostenga por medio de Dios, la esperanza te anime y esto de valor a tu vida. EL HOMBRE NO SE PUEDE SALVAR POR SI MISMO SOLO POR MEDIO DE JESUCRISTO.

Comenzar a soñar en ser mejor persona en tu situación como hijo, hija, madre o padre. Hay que sacrificar algo para recibir algo a Jesús, tomas el sueño de Dios o lo de uno personalmente.

¿Cómo haces esto de cambiar tu sueño y lo entregas a Dios? cuando Dios te toca tu corazón y lo aceptas, llega ese momento por las oraciones de tu familia, aquí ya le entregas tu vida a Dios. ¿Cuál es la clave o el secreto para subir otro escalón? Es servirle a Dios y Él nunca tarda cual fuere tu necesidad, para Él nada es imposible.

Tu sueño llega y te preguntas ¿Será realidad? No te la crees hasta que Dios te lo confirma de diferentes maneras por medio de su Espíritu Santo, pero no quieres que te capacite y te de las instrucciones, quizás no entendiste; no oíste su voz. Quieres hacerlo a tu manera no a la de Dios.

Hay dos tipos de éxitos la del hombre, el pensar siempre en dinero, en la ambición, eso es algo que te puede destruir y el éxito por medio de Dios; es la sabiduría que solo nos da Él. Porque el dinero te lleva hacer cosas locas y no sabes cómo actuar en determinada decisión, pero la sabiduría te ayudará a tomar buenas decisiones, y no caerás tan fácilmente y esta misma te dará lo que realmente necesitas y valorizarás tu vida (Proverbios 3:13-15 y 3:21-26).

El éxito por medio de Dios te dará la sabiduría a pensar en el futuro. ¿Qué estás haciendo para cuando llegues a una edad avanzada y puedas tener accidentes o enfermedades, crisis o cualquier problema? Tu salud ya falla; el rey David y su hijo Salomón se prepararon para su vejez. Planea el futuro con la sabiduría de Dios (Proverbios 3:13). Los jóvenes de hoy viven la vida loca, vivir por vivir a todo lo que da, sin pensar en envejecer, Salmo 71:17-18 dice: "De joven te conocí y de adulto sigo hablando de Ti". En Eclesiastés 12:1 dice: "Acuérdate de tu creador, antes que vengan los días malos y digas: no estoy contento con ellos y sientas soledad y no hay paz en tu corazón". Vivimos en tiempos desesperados viviendo por vivir sin ninguna esperanza.

Tener sueños; se vale y poder cumplirlos pero saber qué tipo de sueños, porque donde hay sueños también abundan las vanidades.

En Eclesiastés 1:1-18 y 2:26 habla de "Vanidad", "Trabajo". Sin Dios, nuestra vida no tiene sentido, todo es vacío, sin esperanza, y todo es solo vanidad, no tiene sentido nuestro "trabajo" en la tierra nos habrá de frustrar y desanimar si lo vemos como un fin en sí mismo.

Aquí está hablando de los últimos años del reinado de Salomón, él es el autor del libro de Eclesiastés, aunque él tenía una vida llena de placeres, riquezas, poder y prestigio, sigue buscando felicidad. La mayor parte de Eclesiastés se escribe probablemente a medida que Salomón analiza las fallas pasadas y la apostasía de su vida. En conclusión de este libro es: Teme a Dios y guarda sus mandamientos.

Ya que tú entiendes que tienes que ser instruido por Dios, Él te lleva a donde tú nunca pensaste llegar sin vanidad.

Llega el tiempo de unción; el sueño de Dios en tu vida, llegar a hacer un servidor, ya sea en la predicación, liderazgo, ser un pastor, escritor. Hay tanto en que puedes servir, que hasta puedes decir no puedo con tanto. "Entre más te da Dios más te exige". Dios te da la cobertura, fortaleciéndote en donde Él te puso.

Hay que dejarse llevar por un toque, un viento suave del Espíritu Santo y la gloria de Dios viene a tu vida es la clave.

Nunca abandones tu cobertura Espiritual en el proceso, aunque sea muy complicada tu vida. Creer que Dios quiere prosperarte es el secreto de lo mejor en tus sueños. No sueñes con tener mucho dinero, esto es amar al dinero, y el que ama el mucho tener, no sacará fruto; esto es vanidad. Lo mejor de tus sueños es que temas a Dios (Eclesiastés 5:7-15).Ser llenados por él.

Realiza tus sueños dándole valor a tu vida, pidiéndole a Dios fuerzas nuevas.

PRIMERO: Tienes que ser libre de temor y miedo; estos son engaños.

SEGUNDO: Perdona y serás libre, no tener resentimientos, condenaciones, culpabilidades, odios etc.

TERCERO: Empezar a soñar se vale, ser perseverante para lograr tus sueños. Vendrán persecuciones porque no quieren que lo logres, después que lo logres vienen cosas extraordinarias para ti departe de Dios no te desanimes es tu tiempo. Dios tiene cosas nuevas para ti, abraza lo que ya tienes, eres ya un vencedor.

Créele a Dios lo mismo que hizo por ti, lo hará por tu esposo, hijos o demás familia, esta es la promesa que Dios te cumple al restaurar a tu familia y la saca de las manos de Satanás

Donde había desanimo; Dios te da ánimo. Abraham estando en medio de ese desierto; lo saco Dios. El éxito es la obediencia y hay victoria; la desobediencia es derrota.

Abraham estaba en medio del desierto y dijo: "Yo quiero honrar a mi Dios".

Se le apareció Dios en el encinar de Mamre, en ese calor del día en medio del desierto (Génesis 18:1). Se preguntaría: ¿Porqué Dios me envió al desierto?

Era una prueba pero hubo un pacto departe de Dios en Génesis 15:18. Dios demoró 25 años para que Dios cumpliera la promesa de Isaac; su descendencia de Abraham. Él nunca cambia, Él promete, Él cumple. Tus ojos verán esos milagros en tu casa, ese hijo perdido, tu esposo que no quiere saber de Dios. Cada promesa que te promete, las veras, no importa las circunstancias o el desierto que estés pasando. Créele a Dios a lo mejor no has visto tu sueño realizado pero lo verás teniendo un buen éxito.

VIVIR LA VIDA ES CUANDO SUEÑAS, TRIUNFAS Y LLEGAS AL BUEN EXITO TOMANDO EN CUENTA A DIOS EN TUS PLANES Y ESTO ES PARA QUIEN TRABAJA CON SABIDURIA Y DE QUIÈN SE AUTOEVALUE PERSONALMENTE (Proverbios 2:1-10).

CAPITULO 8

CONFIAR EN TU VIDA DEJANDO TEMORES, MIEDOS, Y DEPRESION

"Dios está conmigo; no temeré lo que me pueda hacer el hombre" (Salmo 118:6-14).

VIVIR LA VIDA ES CUANDO TENEMOS TEMOR, INSEGURIDADES, MIEDOS, DEPRESION, ESTRES, CRISIS, AFLICCIONES Y LO CONVERTIMOS EN LEVANTAMIENTO, CONFIANZA AMOR Y ANIMO A LA VIDA.

Aquí tenemos un ejemplo del Rey David, estaba tan angustiado y con miedo porque lo rodeaban varias naciones para matarlo y dijo: "Mejor es confiar en Dios que en los hombres. En el nombre de Jehová yo las destruiré" (Salmo 118:5-14).

La mente del hombre fue creada para que tomes control de ella.

El hombre tiene la capacidad de pensar o razonar en el bien y el mal qué hacer y tomar decisiones tomando en cuenta a Dios todo le va bien; es diferentes a los animales y aves, que se guían por instinto y Dios los hizo tan perfectos para que puedan defender sus vidas.

Tenemos de ejemplo las langostas del crustáceo marino. Este es un animal suave y pulposo que vive dentro de un caparazón rígido ese caparazón rígido no se expande ¿entonces como puede crecer la langosta? bueno, mientras la langosta crece el caparazón se vuelve un gran limitante y se siente mediante una gran opresión e incómoda se va debajo de una formación de piedras para protegerse así misma de los depredadores. Deja su caparazón y produce uno nuevo. Eventualmente, ese caparazón se vuelve muy incomodo cuando crece, regresa debajo de las piedras, y la langosta repite esto varias veces. El estimulo que permite a la langosta crecer es sentirse incomoda, si todo se siente bien y nunca se quita el caparazón, nunca crecería.

Así que creo que debemos darnos cuenta que los tiempos de dificultades, también son tiempos que representan señales para el crecimiento y si utilizamos los problemas de manera correcta podemos crecer a través de ellos; pensando siempre que Dios está con nosotros.

Tenemos otro ejemplo: insectos con nombre langostas y andan en grupos en el cielo.

La mayoría se comunican con señas o sonidos.

En el cielo también se ha visto langostas volando y cómo podemos saber si un enjambres de langostas pequeñas que pasan tan rápido de hasta 80 millones de ejemplares por kilómetro cuadrado (0,4 millas cuadradas), y sin embargo nunca chocan entre sí, ¿Cuál es su secreto al no tener temor de chocar?

Detrás de cada ojo, la langosta tiene una neurona sensible al movimiento llamada lóbulo; detector gigante de movimiento. Cuando estas neuronas perciben que hay riesgo de choque, envía mensajes a las alas y las patas del insecto para que reaccione de inmediato. La reacción es cinco veces más rápida que un parpadeo.

A partir de este descubrimiento, los investigadores han diseñado un sistema computarizado que permite a un robot detectar y evadir obstáculos sin necesidad de complicados radares o detectores infrarrojos. Este avance permitirá equipar a los automóviles con un sistema de advertencia rápido y preciso que podría reducir el número de colisiones, aunque la langosta parece un insecto muy simple tenemos mucho que aprender de ella.

Aquí hay una pregunta ¿Habrán evolucionado las neuronas de la langosta? o fueron diseñadas; casualidad o diseño. Estas neuronas sensibles al movimiento solo fueron hechas por un diseñador; Dios. Como las golondrinas, cualquier ave guarda el tiempo de su venida. Dice el Señor: "pero mi pueblo no conoce el juicio de Dios".

El ejemplo de estas langostas y golondrinas nos enseñan a que nosotros si tenemos temores, miedos e inseguridades luego viene la depresión; esto nos paraliza, no nos deja avanzar, pero si vamos agarrados de la mano de Dios es diferente, oímos su voz, guardamos su venida y conocemos su juicio. Tu mente fue creada para que tomes control de ella, la palabra es Espíritu y es vida. Esto es si estás haciendo la voluntad de Dios.

Al igual hay hombres usados por Dios que tuvieron miedo, Elías fue uno, por ignorancia, y el resultado fue estar desanimado. No quieres hacer nada cuando estás en un espíritu de miedo y viene la ansiedad o depresión. A Elías lo desanimó una mujer; Jezabel. Viendo el peligro, se levantó y se fue para salvar su vida. Uso excusas, dijo: "no me quedo aquí". Tenía que afrontar el problema, se retractó, se aguantó, dijo: "yo no soy mejor que mis padres". Deseaba morirse, dijo: "basta ya, Jehová, quítame la vida, pues no soy mejor que mi padre". Esto lo estaba llevando a la tumba, el desánimo, ansiedad o la depresión, a estar muerto espiritualmente. Lo lleva a estar sin esperanza, abandonó la paz, abandona la fe, no tiene perspectivas de nada. Pero Dios abrió una puerta, mandó a un ángel a ayudarlo dos veces diciendo: "levántate y come, porque largo camino te resta". Fortalecido, caminó cuarenta días y cuarenta noches hasta Horeb, el monte de Dios y allí se metió a una cueva donde paso la noche, se arrepintió tomando responsabilidad saliendo del desierto y el siclo se termino. Vino a él palabra de Dios, el cual le dijo: "¿Qué haces aquí?, Elías", le respondió: "he sentido un vivo celo por Jehová Dios de los ejércitos, porque los hijos de Israel han dejado su pacto, han derribado tus altares, y han matado a espada a tus profetas, y sólo yo he quedado, y me buscan para quitarme la vida" (1-Reyes 19:1-10).

El espíritu de Dios se apoderó de Elías (1-Reyes 19:11-12).

A veces entramos a un círculo de desobediencia, esto es ser de doble ánimo. Esto pasa cuando no se cumple lo que uno desea.

Entra la depresión y ésta no nace sola, nace del desánimo por haberte quedado sin lo que deseabas, trae consecuencias de malos sentimientos de no querer vivir más.

A una persona depresiva, el diablo le miente, la lleva a estar sin esperanza abandonando la fe y la esperanza, hasta quedar sin expectativas. La fe trabaja a través de la expectativa.

La depresión nunca viene sola, como a Elías, viene el miedo es el resultado de la ignorancia por no saber que Dios tiene ángeles cuidándonos (Salmo 91 y filipenses. 4:1-7).

Ponemos otro ejemplo diferente, Josué como fue valiente, no tuvo temor cuando Dios le hablo y le dijo: "Levántate y pasa este Jordán, tú y todo este pueblo, a la tierra que yo les doy a los hijos de Israel. Solamente esfuérzate y sé muy valiente, para cuidar de hacer conforme a toda la ley que mi siervo Moisés te mandó, no te apartes de ella ni a diestra ni siniestra. Para que seas prosperado en todas las cosas que emprendas. Nunca se apartará de tu boca este libro de la ley, sino que de día y de noche meditarás en él, para que guardes y hagas conforme a todo lo que en él está escrito, porque entonces harás prospero tu camino y todo te saldrá bien" (Josué 1:6-9).

En Proverbios 3:21-26, nos vuelve hablar dice: "hijo mío, no se aparten estas cosas de tus ojos, guarda la ley y el consejo, y serán vida a tu alma, y gracia a tu cuello. Entonces andarás por tu camino confiadamente, y tu pie no tropezará. Cuando te acuestes, no tendrás temor, sino que te acostarás, y tu sueño será grato".

A) DEPRESIÓN.

¿Por qué se deprime la gente? ¿Cuál es la causa? Al verse sometida durante un período prolongado a la ansiedad, el miedo, la conciencia culpable hace débil a las personas. La pena u otras emociones de efecto indeseable. La ansiedad proviene de algo que tú piensas, como que no vales, y se baja tu autoestima, esto le quita valor a tu vida.

Puede ser tristeza extrema, la muerte de un ser amado, el divorcio, la pérdida de un empleo o una enfermedad incurable. La gente también se deprime por un sentimiento de inutilidad, cuando se cree un fracaso o piensa le he fallado a todo el mundo. Si alguien cae en la desesperación y no puede ver cómo salir de una seria dificultad es posible que se deprima gravemente.

El temor es una fuerza diabólica, una batalla en nuestra mente, es algo oculto son pensamientos o emociones que entran al corazón. Si dejas entrar el temor viene el desánimo y más problemas, viene llevando a la depresión.

Pon tu confianza en Dios, en su palabra nos dice Mateo 6:25-34: "Por eso les digo... no anden preocupados por su vida. ¿Quién de ustedes, por más que se preocupe, puede alargar su vida. Y si Dios viste así a la flor del campo que hoy está y mañana se echará al fuego, ¿no hará mucho más por ustedes, hombres de poca fe".

Jesús cuida de nuestras debilidades, depresión puede llevar a pensamientos de suicido. No eres el único que pasa por esto y Dios conoce tu corazón. Abraham, Elías, Daniel, David, José y a otros los saco del pozo así te sacará a ti. Recupera tus sueños, tus ganas de vivir.

Dios tiene un tiempo profético cuando tiene que hacer un cambio en tu vida y a veces permite que pases por cosas que piensas que no podrás sobrellevar.

Entra las preguntas: ¿si Dios es amor porqué permite que Job siendo justo y temeroso de Dios sufriera estas dificultades terribles en su vida? (Job 1:1-19).

¿Cómo le puede pasar cosas malas a Job siendo tan bueno? Dios permitió esto porque sacó lo mejor de él.

La actitud que tomo Job fue no quejarse. Le devuelve Dios el doble de lo que perdió y restituye todo, familia con muchos hijos y fue un gran padre (Job 42:10-17).

Un padre cuando corrige a su hijo sabe que le va doler pero es necesario que se corrija. Dolerá pero algo mejor vendrá. Hay que pasar las pruebas sin amarguras.

La respuesta a todo esto: "Y sabemos que los que aman a Dios, todas las cosas les ayudan a bien, esto es, a los que conforme a su propósito son llamados" (Romanos 8:28).

También pueden ser malas desiciones de nuestra parte.

No tengas temor, encárgate de las cosas de Dios y Él se encargará de las tuyas.

"Venid a mí y Yo los haré descansar" (Mateo 11:28.30).

Hay líderes con muchos ministerios al mismo tiempo, se meten en un círculo que no pueden salir. Hoy en día es una sociedad muy acelerada. No hay calma en ésta sociedad, los ataca el estrés si no aprendemos a manejarlo, vienen consecuencias.

Dios quiere que tengamos paz y descanso, El tiene cuidado de sus hijos (Juan 16:33, 1-Pedro 5:7).

Hay que pelear contra lo que estas luchando, esto te reta a que pases las circunstancias adversas en victoria.

El estrés contamina tu cuerpo y te hace que escapes de los desafíos de la meta que Dios tiene para cada uno de nosotros.

Cuando hay trastornos de nuestra vida espiritual, crisis de fe, pecados, desalientos, siempre está Dios; su gracia, su amor (Salmo 46).

DEPRESION AL MAXIMO LLEVA A LOS JOVENES A USAR DROGAS COMO UN ESCAPE PARA SU VIDA.

Hay muchos jóvenes que son de familia con dinero y gozan poco de lo mucho que tienen, y otros sufren mucho por lo poco que les falta. Deben vivir tranquilos cada día y aprender a gozar con lo que tienen; Esto es vivir la vida.

Hay adolescentes y jóvenes que llegan a una depresión al máximo. Esto es experiencia carnal, emociones pasajeras. Hay que reflexionar que depresión es una lucha; lo espiritual con la carne. Pablo nos habla de las obras de la carne y el fruto del Espíritu en Gálatas 5:16-25.

Uno puede identificar porque nos alejamos de Dios. Puedes escapar de esto, pero si te envuelves con drogas es más difícil e impulsivo, se convierte en una enfermedad mental, aumenta los síntomas se convierte en adición la droga para ellos, creyendo que esto los ayuda siendo que no se llega a nada.

Aquí hay que buscar ayuda o un profesional. La pastilla sana el síntoma, pero hay que buscar de raíz yendo al pasado y ver las causas que lo llevo aislarse a estar en silencio. Piensan que no sirven para nada, no dan valor a sus vida, llegar aquí es ya no tener aspiraciones, sueños. Satanás sabe que eres heredero de Dios, busca más a los hijos de Dios ya que los demás ya son suyos. Si no eres un hijo de Dios y no haces la voluntad de Dios estas a tiempo "Busca el Reino de Dios y su justicia, y todas estas cosas serán añadidas" (Mateo 6:33).

Cuando ya sacamos la iniquidad de nuestra alma, viene una esperanza que Dios nos da al aceptar a Jesús como nuestro salvador.

Sin Cristo Jesús no sabemos a dónde acudir, buscamos un escape para salir como las drogas, alcohol u otras cosas del mundo.

Para todo hay solución, mi matrimonio, mi empresa, mis hijos etc. Pero agarrados de la mano de Dios hay una esperanza, pero todo es un proceso no debes desesperarte. A veces queremos respuestas inmediatas. "Aunque mi padre y mi madre me dejaran, con todo, Dios me recogerá.

Enséñame, oh Dios, tu camino, y guíame por senda de rectitud a causa de mis enemigos" (Salmo 27:10-11).

Aquel que tiene a Dios en primer lugar, este lleva su sendero recto y es justo en lo que hace; "Ni la riqueza, dan acceso a la herencia que Dios promete a sus hijos". Confía en el Señor.

Lo espiritual es una riqueza interior acude a estos recursos, son más positivos, es la solución. Vive en el poder del amor de Dios y Él te sacará de la batalla interior. "Ni lo alto, ni lo profundo, ni ninguna otra cosa creada nos podrá separar del amor de Dios" (Romanos 8:39). Esta es una clave en esta generación que necesita de este amor que salva; Jesús. Viene un toque del Espíritu Santo en tu vida, tal vez ni siquiera has experimentado la presencia de Dios. Este es el tiempo de Dios, viene algo sobrenatural en tu vida, ya no es tener dudas, derrotas, vas hacer lo que nunca pudiste hacer, vas a llegar a donde antes no habías llegado, "Esfuérzate y se valiente".

QUERER SANAR ES UNA ELECCIÓN, HAY QUE SER RESPONSABLE PARA QUERER SANAR.

SENTIRSE TRISTE ES NORMAL PERO QUE NO SE QUEDE EN TU MENTE.

El cuerpo humano es como una máquina que necesita mantenimiento cuando está fallando.

RECONOCERSE A SI MISMO EN LO QUE ESTAS FALLANDO ES VALORAR TU VIDA Y ESTO ES UNA RIQUEZA PARA ENCONTRAR LOS SENDEROS DE TU VIDA.

No luches solo, si ves todas las puertas cerradas Dios tiene personas que te orientaran que hacer. Él puede ayudarte. Jeremías 33:3: "Clama a mí y Yo te responderé". Dios te dará un amigo Jesús que te ayudará, ábrele tu corazón para que Dios entre (Romanos 10:9-11).

B) El ESTRÉS EN LA FAMILIA. viene del agotamiento laboral, demasiado trabajo, causa muchas enfermedades físicas y emocionales, en ocasiones uno mismo podría ser el causante de esto. Cuando quieres ganar más dinero y te sobrecargas de mas responsabilidades en tu trabajo. ¿Qué es lo más importante para tu vida? La familia y la salud. Piensas que no hay salida y puedes llegar al estrés, pero la realidad es que tienes opciones para salir, pero te encierras en un círculo.

Una es estar dispuesto arriesgar a tomar menos trabajo y tener tiempo para lo que usted considera importante. Tiene que cambiar su presupuesto y estilo de vida de antes. Vivimos en una sociedad consumista que queremos tener más, que intenta convencernos de que la felicidad depende de lo que ganamos y de cuanto podemos comprar. Eso no es cierto. Llevar una vida sencilla da más libertad y nos hace más felices. Esto requiere preparación. Reduzca sus gastos, ahorre y baje al máximo sus deudas. Pida apoyo a su familia para los cambios que hará y trate de conseguir su apoyo. (1-Timoteo 6:8 y Lucas 12:15).

Recuerde que no tiene que gastar mucho para pasar un buen rato con su familia.

No caiga en el error de medir su valor por el tipo y la cantidad de trabajo que realiza. Esto es vanidad y aflicción de Espíritu (Eclesiastés 4:6).

C) NO DIGAS O HAGAS ALGO QUE TE PUEDA PERJUDICAR EN TU VIDA COMO LA IRA.

Cuando estamos llenos de coraje e ira, las palabras que salen de nuestros labios no son las mejores. El Salmista nos dice "Guardar silencio cuando sentimos que la ira brota de nosotros". Pensar primero haciendo una pausa para reflexionar y con esto dejamos que Dios tome la situación y el control de nosotros. Estamos reconociendo nuestra debilidad y dejando sus fuerzas en nosotros. Pensamos, ¿qué haría Él en esta situación? al dejar que Él actué en nosotros. Abramos nuestro corazón para que ÉL nos calme y nos revele lo que es correcto hacer al respecto, El nos da la paz. Medita que situación de tu vida es lo que te hace entrar en la ira y coraje. Entrega este problema a Dios, Él preparará tu corazón para que trates cada problema de tu vida en la forma que Él quiera que lo hagas. (Salmo 4:1-5).

Jesús nos dice que vamos a pasar por sufrimiento y lamentos "Venid a mi todos los que estáis trabajados y cargados, y yo os haré descansar" Mateo 11:28-30.

D) VIVIR LA VIDA ES: AL TENER TEMORES, INSEGURIDADES, Y MIEDOS; LOS CONVERTIMOS EN CONFIANZA.

Cuando vivimos por medio de las emociones, éstas intentan adaptarse a su nueva vida como son miedo, temor, ira, tristeza, éstas viven en el centro en cuarteles dentro de la cabeza ayudan a aconsejar a lo largo de su vida más cuando estás a punto del estrés, se instala en nuestra mente. Aunque la alegría es la emoción principal y más importante de la persona, intenta mantener una actitud positiva. Las emociones chocan a la hora de decidir cómo actuar en tu nueva vida, cuando tienes cualquier tipo de problema, por esto viene el estrés.

El temor es una batalla en nuestra mente, es algo oculto son pensamientos, emociones que entran a tu corazón, pero es más difícil si dejas entrar el desánimo, porque lleva a la depresión.

A veces todos nos ponemos tristes cuando pasamos por momentos de aflicción, aunque no tengas un problema, simplemente con una canción o ver una película con drama y esto te hizo recordar algo, te sentiste triste, extraño, pero sucede sin importar la causa, es bueno hablar con alguien; esto te ayuda. Puede ser un compañero, hermano, tus padres o alguien que le tengas confianza. "Un compañero verdadero ama en todo tiempo y es un hermano nacido para cuando hay angustia" (Proverbios 17:17).

Tener un amigo trae felicidad a tu vida.

Otro consejo es escribir, esto me ayudó a organizar mis pensamientos que dañan mi mente, cuando estoy triste o desanimada, y a no entrar a la depresión.

Si expresas tus sentimientos y haces posible por aclararlos, te sientes mejor.

Cuando la tristeza no desaparece, se puede convertir en depresión. Hay que buscar ayuda profesional, un doctor determinará si tu tristeza se deba a razones médicas.

Por lo tanto, sea que tu desánimo se deba a la depresión o no, ten presente que Dios es el Doctor de Doctores y Él te puede sanar de esto.

"Dios está cerca de los que están quebrantados de corazón y salva a los que están aplastados en espíritu" (Salmo 34:18). Con esfuerzo y la ayuda de otras personas puedes salir del torbellino de tristeza o depresión.

E) CONSEJOS PARA SALIR DE LA TRISTEZA:

1. Perdonas y te perdonas a ti mismo, dejas el pasado, ayudas a otra persona que está pasando lo mismo. Esto te ayuda porque ya no estás en tu problema; te concentras en lo que está pasando esta persona y al ayudarlo te pones bien, ya pasaste la prueba. LAS PERSONAS VIENEN A TI PORQUE TIENES UN CORAZON CONTENTO HAY UNA ABUNDANCIA DE ALEGRIA Y GOZO. ESTO TE AYUDA A SACAR A LAS PERSONAS DE DEPRESION O SOLEDAD. (Salmo 142: 7).

2. Hacer ejercicio constantemente, esto te mantiene ocupada, buena salud, de buen humor y descargas tus energías negativas.,

3. No aislarte; cada vez que estés triste buscar compañía de otras personas o hacer algo que te ayude a no pensar, como ir a la playa, escribir, arreglar tu closet, tejer, leer la Biblia o un buen libro etc. Esto te ayudará a sentirte mejor. Si no quieres que te vean llorar lo puedes hacer sólo tú y Dios, pero si hablas con alguien que tengas confianza también te ayudará.

4. Aquí ya saliste del problema eres más que vencedor con la ayuda de Dios. Tu felicidad llego y no entraron temores a tu vida (Salmo 4:7 y 5:11).

¿Qué es un temor? Es cuando el hombre se pierde así mismo y no sabe qué hacer, no sabe tomar dediciones, se contradice de lo que va hacer y no llega a nada, no se expresa así mismo.

Temor es una batalla en nuestra mente, es algo oculto, son pensamientos o emociones que entran al corazón.

EL MIEDO lo usa Satanás. "Dios no nos dio un espíritu de timidez, sino un espíritu de fortaleza" (2-Timoteo 1:7). Cuando el miedo entra a la persona es como un virus que el diablo te hace creer que te vas a morir, que lo sientes aunque no sea verdad, por esto te puede entrar depresión, ansiedad o falta de ganas de vivir.

Lo primero para vencer esto es tener fe que Dios está contigo y te puede sanar.

La fe es la Certeza de lo que esperamos, el medio para conocer lo que no vemos (Hebreos 11:1).

Conocer la palabra de Dios y por medio de su conocimiento ir sanando todo esto.

Sigue transformándote como persona es tu primera tarea por medio de la palabra de Dios.

Si adquieres un conocimiento de Dios tendrás un criterio o pensamientos nuevos y una visión nueva de la existencia o más bien de tu vida misma. Esto te llevará a ser una criatura nueva. Empieza una renovación de la mente iluminada por la fe. No sigas la corriente del mundo sal de ahí ya. Así sabrás ver cuál es la voluntad de Dios (Romanos 12:2). Si tienes miedo después de esto es que no has creído en sus promesas y bendiciones.

Tenemos que dejar estos miedos mostrando una razón para vivir. Una de las cosas que podemos aportar a este mundo es la esperanza. Pablo trasmite a su comunidad la convicción de que vale la pena vivir los valores del evangelio, que todo lo que ha hecho valía la pena, "Mis trabajos no fueron inútiles ni mis fatigas tampoco", más aún, si hay que dar la propia vida. "Yo estoy alegre y me asocio a vuestra alegría". Y les pide a ellos lo mismo. "Por vuestra parte estad alegres y asociaos a la mía" (Filipenses 2:12-18).

Eso se llama contagiar esperanza, comunicar optimismo. Un optimismo que sólo puede venir de la fe, de la convicción de que es Dios quien activa en vosotros el querer y la actividad para realizar su designio de amor.

Dejen llenar de este espíritu de paz para que todos encuentren en ella un motivo para seguir esperando. Es la consigna de Pablo, mostrando una razón para vivir.

COMO PUEDE SURGIR EL MIEDO. Surge cuando tu cerebro se anticipa a algo. "responde más a la percepción que a un peligro real".

Un maestro de la escuela de psicología de Chicago dice: "un sano estado de alerta dura un momento, la ansiedad excesiva puede incapacitarte de por vida".

Tienes que confrontar el MIEDO Hay soluciones elimina los pensamientos distractores y concéntrate en una palabra mientras practicas respiraciones profundas si miras algo que te da miedo confróntalo pueden ser suposiciones si esto no te da resultado para vencer la FOBIA; si le crees a Dios el te ayudará a reducir poco a poco la ansiedad y todo tipo de miedos o temores.

Jesús nos habla de los afanes de la vida estos nos llevan a la ansiedad (Mateo 6:25-34).

Dijo Jesús a sus apóstoles no tengan miedo porque estoy con ustedes y nos dice a quien le debemos temer "Y no temáis a lo que matan el cuerpo, mas el alma no pueden matar; temed más bien a aquel que puede destruir el alma y el cuerpo en el infierno''. Si estamos con El a que tenemos miedo ya que valemos mucho para Dios" (Mateo 10:26-33).

¿A que tenemos miedos? Todos tenemos miedo que vencer. Hay miedos que son inevitables. Miedos a subir en un ascensor con un extraño, perder el trabajo, tomar una decisión que tal vez nos podamos equivocar con nuestros hijos, a perder el esposo (a), a lo profundo del agua y poder ahogarse o a la oscuridad. Miedos que son comprensibles, la vida del cuerpo actúa con nuestra condición humana a según cómo vivimos si tuvimos unos padres amorosos, comprensibles o si no tenemos a nadie esto nos hace tener miedos y no ser seguros.

A veces nuestros propios padres nos dejan la herencia de ser mediocres, temerosos e inseguros, no permitas que su herencia quite tu destino, no tengas mentalidad de pobreza, ten semilla de prosperidad, no tengas cosas negativas, no escuches a tus padres o gente que te limite a ti a dejar una marca en esta generación. Busca a Dios te llevará a lugares que no conoces rompe estas cadenas puedes vivir en grande tener una vida nueva.

Tu propia gente te pregunta porque no puedes lograr un sueño o tener éxito. Si alguien de tu familia no lo hizo, tú hazlo no te conformes teniendo una vida mediocre y pienses que hasta aquí llegaste.

Pedro dijo: "no hemos pescado nada" tuvo una excusa, no siguió persistiendo, llego Jesús y le dijo hecha de nuevo la red y saco tantos peces que casi la red se rompió. Cuando eches tus redes no pienses en lo pequeño sino en lo grande que viene; créele a Jesús.

Tu falta de fe te puede llevar a esto. Escucha a Jesús.

Siempre haz lo que te dice tu corazón; no lo que diga la gente, se tu mismo esto es valorar tu vida.

Cuando tienes miedo a veces es porque no le crees a Dios y sus promesas. Él se esconde para que lo busques pero siempre está contigo.

Que pasó con los apóstoles cuando estaban en la barca, se vino una tormenta y tuvieron miedo, Jesús estaba con ellos pero no entendieron eso.

También tu ignorancia te puede llevar a algo oscuro como Pedro y

Judas. Pedro lo negó y lloró, su llanto era evidencia de arrepentimiento, pero Judas solo tuvo remordimiento. Amó mas al dinero que a Dios y esto lo llevó a ahorcarse de tristeza.

EL ARREPENTIMIENTO TRAE VIDA EN CRISTO JESUS
EL REMORDIMIENTO TRAE MUERTE; LA CULPABILIDAD.
Una culpa puede ser ficticia y dañina en nosotros. Ser culpable quebranta los estatutos y leyes. Manejamos sentimientos de culpa.

A veces no hay culpable, no es su responsabilidad y toman esa culpa.

Cuando hemos agredido a alguien hay que aceptar esta responsabilidad. Hay mucha gente que se siente con algo que se comentó. Esto es un sentimiento tóxico que envenenó y contaminó todo nuestro ser al creer que lo que se estaba hablando era para uno mismo.

Moisés huye cuando mata a un egipcio sintiéndose culpable, la culpa enferma, Irrita y ciega.

Moisés va perdiendo auto estima y seguridad se siente en un desierto. Aunque él pensó que todo se había perdido no fue así.

Si no te atreviste por los temores de algo, tu autoestima esta bajo por los suelos. Moisés decía ¿Quién soy yo? Creía que había perdido esa seguridad, decía: Nunca he sido hombre de palabra; envía a otra persona. No es él mismo Moisés. Estaba en una etapa que él no entendía; que él iba a ser un gran líder. Estaba pasando por situaciones difíciles y se sentía culpable. Esto nos afecta a nosotros también, como un ama de casa, en un empleado de un negocio o un político.

Hay muchas otras cosas más, estas pueden ser temporales o pueden ser permanentes que hasta mueren siendo culpables por no tener una experiencia de sanación por medio de Dios. Pero cuando aceptan que solo por medio de Jesús, reconocen su maldad. "Dichoso este hombre por que el Señor no toma en cuenta su maldad" (Salmo 32:1-5)

Pablo a Timoteo le dice "Dios no te ha dado una vida de miedo y temor sino de seguridad".

A veces vivir en la ignorancia de nuestra familia llega a todo esto. Hay que hacer algo, sino estos miedos, temores, mediocridad, etc. llegan hasta la tercera generación de nuestra familia.

David de ser ignorante se preparo con la sabiduría de Dios y lo escogió como Rey de Israel. Dios se agrado de él conforme a su corazón y "eligió" a uno de sus hijos Salomón para que se siente en el trono del reino de Jehová sobre Israel y edificará la casa y sus atrios... "Porque a éste Salomón he escogido por hijo, y yo le seré a él por padre.

Asimismo yo confirmaré su reino para siempre, si él se esforzare a poner por obra mis mandamientos y mis decretos. Como en este día. Y le dejéis en herencia a vuestros hijos" David rompió cadenas y su familia llegó a ser la diferencia.

"Morir es ganancia" dice Pablo, aquí perdió el miedo. Tú también puedes ser un siervo como Pablo, David y Moisés.

De la palabra de Dios sale el rema para decirte que tienes que hacer, sales de la ignorancia si lo buscas como Él quiere. Dile: ENSEÑAME QUE QUIERES QUE HAGA.

Nunca tengas miedo a la vida quien se muestra valiente adquiere seguridad.

Si quieres éxito tendrás que ganártelo no solo con decir quién soy yo sino con hechos, estudiando y preparándote con la palabra de Dios que te dará la sabiduría para salir de la ignorancia de ser mediocre, tener miedos, tristezas y temores.

Siempre tienes que ser positivo en tu vida diaria ¿Cómo? Hay mucho que aprender haciendo tareas positivas, con esto crecemos, fijamos nuestro carácter correctamente, somos capaces de emprender nuestras metas, llegar a realizar nuestros sueños y triunfar en ellas. Vencer diferentes retos como el miedo de estar en público dando un tema, esto te atemoriza, pero vencer ese miedo es una de las metas más importantes en tu vida. Tú puedes hacerlo, al principio será difícil, pero practicando siempre que puedas; esto hará que lo hagas cada día mejor. Atrévete hacer lo que no dominas es un reto en tu vida misma.

Enfrenta lo que no puedes hacer y poco a poco dejarás los miedos y obstáculos que impiden en tu vida a ser una persona positiva y con éxito.

Pídele a Dios sabiduría y harás todo con inteligencia y ganarás mas para tu vida misma. Crece y realízate como persona, serás feliz sabiendo lo que quieres y a dónde vas.

No vivas tu vida sin sentido haciendo cosas que no te benefician. No corras sin pensar si te perjudican.

Hay muchas cosas que te pueden ayudar como terapias de doctores especializados, sí lo creo, pero la Biblia es el único antídoto que da resultado pruébalo y veras los resultados positivos en tu vida. David dice: "Busque al Señor, y Él me respondió, me libro de todos mis temores" (Salmo 34:4 y 27:3).

Deja miedos, temores y se un triunfador dejando atrás el ayer y vivir el hoy.

Jesús dijo: ";¿De qué le sirve al hombre ganar el mundo entero si se pierde así mismo".

Prepárate para hacer lo que nunca has hecho, fuiste diseñado para ser victorioso.

Gedeón tenía temores y complejos, pero los venció cuando decidió obedecer a Dios a pesar de no entenderlo todo, Dios te hará hacer cosas que nunca imaginaste. (Jueces 6:11-34). En Jueces 6:23 dice: "Pero Jehová le dijo: paz a ti; no tengas temor, no morirás".

CAPITULO 9

LA ALEGRIA VIENE DEL ALMA

"Para el que anda triste todos los días son malos; para el que anda feliz, todos los días son alegres" (Proverbios 15:15).

"No estén tristes, pues el gozo del Señor es nuestra fortaleza" (Salmo 4:7-8).

"EL CORAZON ALEGRE CONSTITUYE BUEN REMEDIO" (Proverbios 17:22).

Fuiste creado para reír. La alegría es la emoción principal y la más importante de la persona, esta intenta mantener una actitud positiva.

"Nuestra boca se lleno de risas; nuestra lengua, de canciones jubilosas" (Salmo 126:1-3).

La risa es un maravilloso alivio de estrés y suaviza tu vida misma, se refleja en ella, esto se trasmite, alivia la tensión, calma las tempestades de nuestro corazón y mente.

Ser feliz es que venga lo que venga sigamos riendo. La alegría viene del alma cuando tienes el gozo del Señor.

La felicidad existe, solo al mirar la naturaleza; lo que Dios creó al principio de Génesis entender esto es recibir revelación. (Eclesiastés 3:11, Génesis 1:1-31). Negar esto es como rechazar la vida misma.

Dios promete estar contigo siempre en las buenas y en las malas. Contempla la naturaleza y miras en ella a Dios y sientes su presencia en cada toque de ella.

La principal tarea en la tierra es sufrir; pero no permanece para siempre.

Descubre la felicidad. Yo descubrí la felicidad cuando tuve un encuentro personal con Jesús y salvó mi vida, ella estaba desecha, llena de miedos, temores, inseguridades, llegue a la depresión, Jesús perdonó mis pecados y eso lleno de felicidad mi corazón para siempre. Dios ha hecho que la felicidad sea posible si le tememos, confiamos en El y lo obedecemos. "El temor de Dios es el principio de la sabiduría" (Job 28:28).

Lo que me da felicidad es ver por otros que necesitan de una palabra que les levante el ánimo, hablándoles de la salvación y amándolos con el amor de Jesús. (Salmo 31:1-8).

La felicidad es lo que anhela toda persona. Muchas personas buscan la felicidad sin poder jamás alcanzarla. Dios ha querido que lleguemos a obtenerla, a puesto la felicidad a pesar de nuestras circunstancias. La clave para lograrlo es estar satisfecho con lo que tenemos y vivimos (salmo 37:1-11).

Salmo 37:4 dice: "Deleitarse en el Señor, así Él te dará lo que tu corazón anhela".

A veces queremos lo que no está a nuestro alcance, algo que deseamos que está más allá de la voluntad de Dios. El nos da lo que necesitamos, si no nos da en abundancia es porque sabe que nos perderíamos y nos olvidaríamos de Él.

La felicidad no es tener todo; sino saber obtenerlo, la felicidad no depende de lo mucho que tenemos. Cuando hay deseos insatisfechos no somos felices. Quizás estas equivocado cuando te sientes así, hay una razón o quieres las cosas equivocadas, o quizás quieres más de lo que Dios quiere darte.

¿Cómo obtener la felicidad? es fácil pedirle a Dios lo que anhela tu corazón y Él pondrá lo que El quiere que tengas. "Deléitate en el Señor. Aquí encuentras toda la felicidad" (Salmo 37:4).

Muchos hijos de Dios no son felices porque no reciben bendiciones materiales, o lo que le piden a Dios. No saben que Él permite cosas difíciles para traer felicidad. Hay que reírnos de nuestros propios problemas y esto ayuda; calmar nuestras tempestades es parte de nuestra vida. La medicina que funciona en nuestra vida es el gozo del Señor, claro si tu corazón está lleno de esto viene la alegría y un buen día a pesar de lo que estas pasando. (Proverbios 17:22).

Cada quien es feliz con lo que más le gusta hacer; unos son felices solo con mirar el mar, ir en una pequeña lancha y disfrutar la pesca, estar con su familia, escuchar música o tener una relación con Dios. Fuimos hechos para reír, para experimentar gran gozo en el Señor, darle gracias a Dios en todo tiempo en nuestras alegrías, gozo, paz y tristezas.

"Tú eres mi escondite, me proteges de las dificultades y me rodeas con canciones de victoria" (Salmo 32:7).

Dios es nuestro refugio, busca un lugar de descanso, entrégale todos tus problemas pero también dale gracias por la alegría que te da y también por las tristezas. Sus promesas son nuestra esperanza, Él te sacara de las presiones de este mundo y te dará paz (Salmo 4:8).

Amar la vida es que a pesar de las luchas que enfrentamos en nuestras debilidades se hizo una fuente de fortaleza, pero fue con la ayuda de Dios. Mi vida de antes llenaba un pozo de lagrimas de ahí mismo surgió la risa ahora me rió de todo mis problemas. Mientras más sufrimientos hay en mí vida más felicidad en mi ser, porque por medio de ellos soy mejor. El nos va perfeccionando aunque al final de nuestra vida podremos llegar a la felicidad plena que nos ofrece el Señor; la vida eterna.

Hay un secreto y la clave de esto es reír siempre a pesar de los problemas. Esto te mantiene tu corazón sano y fuerte no te peocupes por los problemas siempre los hay; sé feliz. Santiago 1:2 dice: "hermanos míos, tened por sumo gozo cuando os halléis en diversas pruebas".

Muchas personas piensan que reírse mucho es de solo para los niños. Claro que los niños son mucho más felices con sus risas e inocencia. Pero la palabra de Dios dice Que imitemos a los niños porque de ellos es el Reino de Dios.

La risa es importante en tu salud y acelera la curación de las enfermedades graves, sobre todo las del alma, cuando tienes algo que te hicieron y no puedes perdonar.

Hay personas que son tan serias que quizás no se les enseñó a reír.

La risa ayuda a lidiar con los problemas de la vida y reduce la tensión, nos relaja al reducir el ritmo cardiaco y la presión sanguínea, la depresión y el suicidio contrarresta todo tipo de sentimientos, es un factor para todo esto que no es importante.

La risa promueve la buena salud y acelera la curación de hasta enfermedades de cáncer.

Cuando estés tenso, deprimido o no te ríes mucho lo que puedes hacer es juntarte con gente positiva que siempre ríe, buscar libros, cuentos, películas de actores cómicos de humor, a veces son tontas o ridículas pero te ríes, esto es el propósito. Claro que sea algo que no se pase de los límites o sea algo sucio que no edifique.

Aprende a reír a pesar de los problemas.

¿Cómo puedes despertar ese yo interno del alma?, es donde esta lo más profundo de tu ser lo que tú eres tus convicciones y valores virtudes de tu paz interna es un aspecto espiritual de tu vida. Esto significa tomar tiempo y renovar tu vida, preguntarte ¿Qué estoy haciendo para vivir como Dios quiere?

Renovar mi alma es meditar buscar mi interior y entender que Dios puede hacer mucho más por mí vida, su gozo y paz hará que mi servicio a Él sea cada día mejor, y fortalezca mi mente, dará sabiduría para tener mejor vida y bendecirá todo lo que está a mi alrededor.

ESTO ES SABER VIVIR LA VIDA PORQUE CUIDAS TU ALMA.

Para nutrir tu alma puedes usar la naturaleza, como mirando un amanecer o atardecer, caminar por la playa, río o un simple caminar recibiendo la brisa, el rocío de la mañana o el aire de la tarde.

Escribir para mí me sirve, nutre mi alma, me hace sentirme bien y descansa mi alma. Escribo cosas buenas, positivas, éstas te hacen sentirte bien y las malas cosas de mi vida ya no pueden afectarme. Leer la palabra de Dios, la oración teniendo una relación con mi Padre Dios, la alabanza para Dios nutre mi alma y espíritu. Si tú aceptas que eres único y vales en esta vida serás feliz.

Escribir cambió mi vida poner las cosas en perspectiva porque intento tomar las cosas buenas de mi vida y aprendo que para llegar aquí tienes que pasar por cosas malas, sabiendo que la vida te da de todo, pero cuando cuidas tu alma solo la puedes hacer con la ayuda de Dios teniendo una relación con Él y esto te da alegría siempre.

VIVIR LA VIDA ES SER ALGUIEN QUE VIVA COMO PIENSA NO COMO PIENSAN LOS DEMÁS, SIENDO FELIZ A PESAR DE TENER MUCHOS OBSTÁCULOS. Salmo 37 dice: "la felicidad será para el justo y la ruina para los impíos".

A) SIEMPRE HAS LO QUE TE DICE TU CORAZÓN NO LO QUE DIGA LA GENTE, SE TU MISMO ESTO ES VALORAR TU VIDA.

Cuando decides hacer algo por ti mismo por lo que piensas y no haces lo que otra persona quiera que tú seas. Nada puede suceder si no tienes sueños y no puedes vivir sin lo que amas no lo que los demás amen para ti. Ves las cosas como son no como querías que lo fueran. Nunca tuviste comunicación con tu esposa. Tus padres te dijeron te tienes que casar ella tiene mucho dinero saldremos de pobres, cediste mal, no te fue bien.

Llegaste a una edad avanzada divorciado crees ser infeliz pero Dios te pone una buena mujer, nunca es tarde; si ella es pobre tu eres rico quieres una vida diferente y feliz estás en un mundo diferente la vida te hace recapacitar, y dices lo pequeño no es igual a lo fácil, cuando tienes todo es fácil; pero cuando vives de algo pequeño es mejor se vive feliz no tienes todo lo que quieres, pero amas a esa persona, vives la vida como tu pensaste siempre y ese es el secreto.

Así como pensamos somos dice la Biblia, algunas personas dicen: "no soy feliz" estos no tienen una identidad de ellos mismos, esto te quita la vida.

Dios nos hizo a cada uno para que fuéramos felices, ¿a cazo a las montañas y el cielo le falta algo? El amanecer de cada día es maravilloso, Dios nos hizo igual no nos falta nada tenemos todo. Cuando no entendemos esto es que no conocemos el propósito para que Dios nos diera vida. A veces nos sentimos mal porque un pariente o amigo nos dijo que no tienes capacidad para hacer nada, eres un mediocre. Si nos afecta esto somos como la gente quería que fuéramos y no como yo quería ser. Decir yo sé quien soy no tengo que quedar bien con otras personas sino darles gusto a las personas que amo mis padres, esposa e hijos.

Trata de entender cuál es tu talento, saber descubrir tu valor a tu persona. Saber porqué estoy aquí. A veces queremos el sueño de la otra persona o no quieres ser como papá o mamá por lo que veo malo en ellos. Aquí hay que tratar de ser mejor agarrando las cosas buenas de ellos y rechazando lo malo.

Pedirle a Dios que te ayude a buscar tus dones y talentos, dobla rodillas, te guiará y te dará tu identidad. ¿A dónde voy. ¿Cuál es mi asignación? ¿Qué tienes para mí?

Aquí encontré el propósito de mi existencia Dios me dio las respuestas.

Buscar el motivo por el cual Dios te trajo a este mundo.

Preguntar a Dios ¿Señor quién soy? ¿Para qué me trajiste a este mundo? Quiero honrar tus pensamientos no los míos que se haga tu voluntad Dios mío.

Así entenderás la voluntad de Dios.

La ley de los cielos te hará salir de donde estas (Romanos 8:2).

Hay una ley, la de la vida, y la de la muerte quiere mantenerte deprimido, temeroso e infeliz. Una ley te va a sacar de donde estás, vas a salir de ella porque hay una ley que te sacará ''Porque la ley del Espíritu de vida en Cristo Jesús me ha librado de la ley del pecado y de la muerte''. Porque lo que era imposible para la ley, por cuanto era débil para la carne, Dios enviando a su hijo en semejanza de carne de pecado y a causa del pecado, condenó al pecado en la carne. Ocuparse de la carne es muerte, pero ocuparse del Espíritu es vida y paz", nos habla Pablo muy claramente lo que debemos hacer en Romanos 8:1-8 para agradarle a Dios.

Las leyes son necesarias sin ellas no nos afirmaríamos, tanto el nuevo como el viejo testamento nos ayudaran a nuestro espiritu.

"Y todo lo que puedan decir o hacer, háganlo en el nombre del Señor Jesús, dando gracias a Dios Padre por medio de él" (Colosenses 3:17).

UN REGALO DE DIOS

Decía un hombre derrotado en su vida; pero no reconocía que lo estaba, decía siempre: "yo soy feliz como vivo mi vida según mis deseos".

Pero pasó el tiempo y perdió todo lo que según tenia, pero ahora le echaba la culpa a nuestro padre Dios y decía: "que es lo que me puede dar Dios; si todo me lo ha quitado. Arruino mi vida". No entendía que era necesario esto para saber vivir.

No empiezas a vivir hasta que lo pierdes todo. Quizás hay algo que te falta y algún día lo encontrarás, El mejor regalo es Jesús, "El hijo de Dios".

SER FELIZ SIN AMAR ES NO EXISTIR; SINO EXISTIR, AMAR, SABER SUFRIR Y DISFRUTAR ESTO COMO VENGA PORQUE

CUANDO HAY AMOR TODO SE VALE Y SALES ADELANTE, PERO NO VIVAS SEGÚN TUS DESEOS SOLO VIVES POR VIVIR SIN VALORAR TU VIDA MISMA.

¿Puede uno amar sin ser feliz?
¿Puede uno ser feliz sin amar?
Pero amar y ser feliz es algo prodigioso.

Hablando de la verdadera felicidad y amor, es la que se queda para siempre, es la que sólo la da Dios.

Hablando con un joven le preguntaba si en este momento sales de tu casa, tienes un accidente y mueres ¿estás listo para la venida de Jesús para irte con Él? Solo hay dos caminos el del bien y el del mal. ¿En cuál estás? Me contestó yo soy feliz aquí en la tierra con lo que hago, lo otro no me interesa. Sabía el que andaba mal pero no quería reconocerlo.

Hay personas que creen que la felicidad depende de las circunstancias, piensan: Yo sería feliz si tuviera más dinero, un buen matrimonio, mejor salud o buenos hijos.

Y en verdad vemos más las cosas en la felicidad. Pero no solo esto te lleva a la felicidad si no controlando nuestra actitud ante la vida.

No hay otra medicina que tener pensamientos alegres dice Proverbios 17:22. Cuando se pierde el ánimo, todo se enferma.

La clave está en nuestra actitud. Puede ser la diferencia entre alcanzar una meta o rendirse.

Tener esto varias veces es normal, como recaída, seguir sufriendo tanto o más que antes, cualquiera de estas dos cosas que hagas significa que has despertado, que sigues viviendo que Dios está contigo, y que poco a poco irás encontrando los secretos de la recuperación. Si Dios te regala un minuto más de vida es para que sigas valorando tu vida misma.

Proverbios nos sigue hablando en la Biblia "Te has mostrado desanimado en el día de la angustia. Tu poder será escaso (Proverbios 24:10).

significa "Que el pesimismo" le robará la energía que necesita para mejorar su situación.

La Biblia dice: "Para el que anda triste, todos los días son malos; para el que anda feliz, todos los días son alegres" (Proverbios 15:15). Significa que si se fija solo en lo negativo, siempre se sentirá triste y todos los días serán malos o sombríos. Pero si se concentra en las cosas buenas, se sentirá mejor, incluso hasta feliz, todo depende de usted.

Por último la Biblia dice: "Hay más felicidad en dar que en recibir" (Hechos 20:35).

Dar sin esperar nada a cambio nos produce gran satisfacción, esto es así porque fuimos creados no solo para cuidar de nuestras necesidades, sino también de las de otros y esto es amar a todos. (Filipenses 2:3-4). Contribuir a la felicidad de otra persona le ayudará a no pensar en los problemas que usted tenga.

CAPITULO 10

EL VERDADERO SIGNIFICADO DE TU VIDA PARA SER FELIZ

Dios a veces usa la naturaleza, el dolor y otras circunstancias para acercarnos más a Él; pero también para que veamos que estamos haciendo con nuestra vida de pecado y nos muestra cómo podemos salir de esa vida con su poder, y ser restaurados.

Dios uso una invasión de langostas destruyendo todo; los campos de trigo, las viñas, los jardines y los árboles. Esto es seguido por gran hambre en toda la tierra, Joel usa estos eventos como catalizadores para advertir a Judá, que a menos que el pueblo se arrepienta en forma rápida y completa, los ejércitos enemigos devorarían la tierra así como lo hizo con la naturaleza. Joel apela a todo el pueblo y a los sacerdotes de la tierra a que busquen el perdón de Dios ayunando y humillándose. Si ellos responden habría renovada bendición material y espiritual. José hace relato de la restauración y prosperidad final de Jerusalén.

Dios usa la invasión de langostas, les promete misericordia a los que se arrepienten, ya que viene un juicio final y triunfo de Dios (Joel 1:2-11, 2:12-28 y 3:21).

El verdadero significado de nuestra vida es Dios "Porqué en Él vivimos, y nos movemos" (Hechos 17-28).

Desde Génesis Dios nos dice que es lo más importante de nuestra vida; ser semejante a Él, ver su carácter, su estilo de vida y todo sus ser; esto nos ayuda a ver con que propósito nos dio vida Dios, es para seguir su ejemplo y conocerlo cada día más teniendo una relación con El. Quizás no conoces al padre, es difícil contemplar un padre amoroso y misericordioso que se interesa por nosotros, puedes tener otro concepto de Él; si tienes un concepto acerca de Dios como un Dios que conforme a nuestra idea, castiga por lo que haces; necesitas tener una estrecha relación con Dios, El no ve nuestros pecados, debilidades y fracasos, El ve sinceridad al arrepentirte, tu clamor que hay en tu corazón para agradarle. (Mateo 7:11).

Siempre hay que renovar nuestra mente, de ahí viene todo por todo lo que hagamos malo. Vivir en pecado va a ser el resultado de tu vida y esto trae consecuencias.

Dios dice: "Yo pongo hoy delante de vosotros la bendición y la maldición"(Deuteronomio 11:26-28) "La bendición si oyere; los mandamientos de Dios que Yo os prescribo hoy". Hasta aquí has llegado al arrepentimiento, invite a Jesús a ser Señor y salvador de su vida; si no lo ha hecho antes. ¡Hágalo hoy mismo! Esto cambiara tu vida, le tomaras sentido y la valorarás. (Romanos 10:9-13).

Pablo nos habla del verdadero significado de su vida para ser feliz; es vivir los valores del Evangelio y nos habla de la esperanza de llegar al paraíso, la vida eterna, esta será la felicidad que alcanzaremos. "Yo estoy alegre y me asocio a su alegría, por su parte, estén alegres y asociados a la mía" (Filipenses 2:12-18).

Si algo está escondido, la palabra actúa en el secreto del corazón, pero cuando descubrimos la transformación que obró en nuestra vida, ya la hicimos con Cristo, damos a conocer a los demás el secreto que nos hizo felices. (Efesios 2:4, Colosenses 3:1-3, Filipenses 2:10 y 2-Timoteo 2:6-7).

Ustedes descubrirán el secreto de la verdadera felicidad. "Nos creen afligidos, y permanecemos alegres; parece que no tenemos nada y todo lo poseemos" (2-Corintios 6:10, 1:26, Mateo11:6 y proverbios 3:13). Tus promesas son nuestra seguridad en nuestra vida; y sigues dándonos de tu gracia pues es nuestro auxilio y alegría por siempre.

El corazón que se deleita en el Señor encuentra en El su verdadero gozo:
Juan 3:16 DELEITATE en su amor
Salmo 37:4 DELEITATE en su persona
Salmo 16:11 DELEITATE en su presencia
Isaías 41:9 DELEITATE en su servicio
Salmo 95:2 DELEITATE en alabarlo

EL SECRETO DE LA VERDADERA FELICIDAD

¡Oh Dios! Quita de mí este viento fuerte que quebranta mi alma
Mis ojos no dejan de llorar, mi alma siente su ausencia
Vuelve otra vez te necesito,
Como una flor necesita de agua y sol para vivir
Mis ojos no te encuentran en ningún lugar, vuelve a mí
Mi vida está acostumbrada a Ti
Vuelve que necesito escuchar de nuevo Su voz
Sin Ti no puedo seguir
Siento mi vida como cuando el sol penetra todo a su favor
O como el fuego que quema todo mi interior
Al fin llega Tu Espíritu en un viento suave hacia mi
Siento paz, gozo y alegría al escuchar su voz.

Sandra L. Chávez.

CAPITULO 11

LAS PALABRAS SON ESPÍRITU Y DAN VIDA

Pablo demuestra que lo importante no son las palabras, sino el anhelo profundo del Espíritu de Dios en nosotros. La palabra de Dios es alimento para tú alma ya que tiene Espíritu, carácter, obra y el plan de Dios que tiene poder, si no la leemos nos apartamos de las promesas de Dios. La palabra de Dios es una herencia, te habla de los avances científicos, artes ciencias, filosofía etc. Salmo 119 nos dice que leer la palabra de Dios es vida, felicidad, cambia y renueva tu mente. Si la lees mora el Espíritu de Dios en ti. El Espíritu es necesario es el fuego; así como la chimenea sin fuego no calienta.

No apaguen el Espíritu, examinen todo y quédense con lo bueno. Cuídense del mal, donde quiera que se encuentren. "Guárdense enteramente sin mancha en todo su espíritu, su alma y cuerpo" (Tesalonicenses 5:19-23).

El alma da vida al cuerpo y se ocupa de las actividades materiales de la carne. El Espíritu es capaz de descubrir la verdad y la justicia.

Cuando Pablo habla de la vida profunda del creyente, no usa la palabra "alma", sino la del Espíritu. Ahí es donde habita y actúa el Espíritu de Dios. Uno penetra al otro en lo más secreto de la conciencia, el amor y la luz del Espíritu hacen crecer y madurar nuestro espíritu hasta la venida de Cristo Jesús.

Juan también nos habla que las palabras que salen de ti, salen de tu espíritu no del corazón y tienen vida. (Juan 6:63), "El que tiene al hijo tiene vida" (1 Juan 5:11-18).

Los pensamientos correctos nos benefician, los equivocados nos hacen daño y no nos dejan avanzar en nuestra vida. Necesitamos que nuestras mentes tengan el valor de fijarse en la dirección correcta, no solo afecta a nuestra situación, sino también nuestra vida espiritual.

Salmo 107:20 dice: "Él envió su palabra y los sanó, y los libró de la muerte".

Cuando te sientes infeliz la mayoría de las veces es por los malos pensamientos que pasan por tu mente. Yo había pasado por circunstancias que fueron muy difíciles, era infeliz porque mis pensamientos estaban envenenando mis perspectivas, robándome mi capacidad de disfrutar la vida y ver los días buenos.

No hay que dejar que la mente nos controle, si no que nosotros la controlamos por medio del Espíritu Santo que nos da Jesús con su poder como hijos de Dios.

La mente con frecuencia se pierde lo que el Espíritu está intentando revelarte porque está demasiada ocupada y esto es anormal. A veces creemos que El Espíritu Santo nos revela muy poco y sentimos que nos falta sabiduría, no sabemos qué hacer, se pierde esto porque nuestra mente esta demasiada ocupada y Dios nos trata de revelar mediante El Espíritu (Isaías 26:3) "Te guardarás en completa paz".

Te puedes conectar con el Espíritu de Dios, apartándote a un lugar tranquilo como en la naturaleza, playa, montañas, si no puedes ir a esos lugares caminar donde puedas, o en tu casa cuando estás a solas, puedes levantarte en la madrugada a orar; es el mejor tiempo de conectarte con Dios. En la alabanza se conecta tu mente con el Espíritu de Dios; también podemos evitar ruidos fuertes y estar en una condición que nos permita oír su voz.

El apóstol Pablo nos dice que él oraba tanto con su espíritu como con su mente; es el secreto. Continúo de esta forma hasta que el Espíritu Santo toma el control de lo que quiera que haga, de este modo mi mente y mi espíritu están trabajando juntos para poder cumplir la voluntad de Dios (1-Corintios 14:15).

¡Alerta! Satanás sabe si tu vida esta turbada con problemas, así que te ataca, librando una guerra contra ti en el campo de batalla de tu mente. Satanás sobrecarga tu cabeza con toda clase de pensamientos erróneos para que no tengas paz.

No permitas que tu mente se vaya adonde le plazca, cuando desee.

Como cuando tienes un problema, en la noche no puedes dormir pensando en ello, dile a Jesús: dame paz. Proverbios 3,17 nos dice muy claramente "Sus caminos son caminos deleitosos, y todas sus veredas paz. Ella es árbol de vida a los que de ella echan mano y bienaventurado los que la retienen" (Proverbios 3: 1-21).

Hazte esta pregunta: ¿estoy seguro con Dios?

Recuerda en la guerra espiritual, el campo de batalla es la mente. Entrégale todo a Dios confiando en que Él hará que todas las cosas obren para bien, sin tener en cuenta lo que va a suceder.

"Guarda tu pie antes de pisar; se mas presto para oír antes de hacer algo" (Eclesiastés 5:1). Ser positivo en nuestra mente y boca de lo que vamos hablar, pues el que quiera amar la vida y ver días buenos refrene su lengua del mal, y sus labios no hablen engaños (1-Pedro 3:10). Satanás quiere traer dudas a tu mente, con engaños y mentiras, hacerte infeliz, no dejes que esto suceda tu ya tienes la victoria en Cristo Jesús (Efesios 6:12 y Juan 8:44).

No permitas que tu mente divague hacia otra cosa que tú no quieras hacer. Piensa antes de decir o hacer algo. ¡DISCIPLINA TU MENTE! (1-Tesalonicenses 4:1-2).

Nunca dudes en tu corazón sino cree que lo que decides va a ser así (Marcos 11: 23-24). Elías un hijo de Dios tuvo miedo, temores y entro en él un deseo de muerte, pero el Espíritu de Dios se apoderó de él y le dijo: "Sal y ponte en el monte delante del Señor. Y he aquí el Señor que pasaba, y un grande y poderoso viento que rompía los montes, y quebraba las peñas delante del Señor; pero El Señor no estaba en el viento y tras el viento un terremoto; pero El Señor no estaba en el terremoto, y tras el terremoto un fuego; pero El Señor no estaba en el fuego. Y tras el fuego un silbo apacible y delicado. Entra el Espíritu de Dios y oyes su voz" (1-Reyes 19:11-12).

Si no respondes a lo que Dios te indica, te quedarás en el desierto. Él no quiere esto sal de ahí, el pueblo de Israel se quedó ahí porque no le creyeron a Dios. No tengas mente desértica como los Israelitas, las cuales se mantuvieron en el desierto. Esto es tener un modo de pensar equivocado (Colosenses 3:22).

Abraham aprendió a vivir delante de Dios y Dios lo trato como si no había pecado. Le creyó a Dios e hizo todo lo que Dios le dijo y lo tomó como un hombre que nunca pecó.

Lo que tu boca diga se llenara tu corazón.

Las palabras que salen de ti salen de tu espíritu no de tu corazón y tienen vida. "El que tiene al hijo tiene la vida" (1-Juan 5:11-18).

El Espíritu nos enseña como orar y nos ayuda en nuestra debilidad, pero hay que alimentarlo con palabra, alabanza, adoración y oración. La oración que El Espíritu inspira y dirige es la verdadera.

Cuando entramos en la presencia de Dios, debemos reconocer nuestras debilidades, nuestra ignorancia acerca de lo que debemos orar o cómo debemos orar por ello. Aquí estamos consientes de nuestra total incapacidad para orar correctamente. Confiamos en El. Que nos dirija en nuestras oraciones esto es orar en El Espíritu. No pedir la primera cosa a nuestra mente. Es esperar que su presencia fluya en nosotros. Entrando en su presencia con alabanza, adoración y orando en todo tiempo sin olvidar de primero pedir perdón, que su gracia sea nuestro auxilio.

Debemos esperar a su Espíritu Santo y rendirnos ante El. Así oraremos correctamente

(Efesios 6:18 y Judas 1:20) decirle al Señor como lo hacían los discípulos "Señor enséñanos a orar".

NUTRE TU VIDA PURIFICANDO TU ALMA CON LA PUREZA DEL ESPIRITU SANTO.

LA PALABRA DE DIOS es la que te da vida, sabiduría,
te quita debilidades, te fortalece, y purifica tu alma.
LA ORACION hidrata tu alma, te da paz.
Fuerza y pureza del Espíritu Santo
LA FE protege tu vida, te da esperanza y paciencia
LA ALABANZA ES ADORACION A DIOS; esta te llena
el alma de gozo y alegría, es un perfume a Dios.
LA OFRENDA es darle a Dios lo que merece con alegría
tanto lo material como tu testimonio como cristiana.

OFRENDA DE AMOR

Aviva Tu Espíritu en mí
Sopla Tú Espíritu para tener tus pensamientos
Mi alma gime cuando no estás conmigo
¡Oh! Dios no quiero ser como una pluma en el aire;
Que no sabe a dónde va
Tenerte a Ti mi Padre Dios, es asegurar mi vida
Quiero darte lo mejor de mí
Hoy no vengo a pedirte, solo vengo a poner un perfume
A tus pies como ofrenda de amor hacia ti
Viene un viento suave con olor a ti mi Dios.

CAPITULO 12

DA VIDA LO QUE COMEMOS.

CUIDA TU CUERPO, ALMA Y ESPÍRITU (1 Tesalonicenses 5:19-23).

¿Porqué las enfermedades? ¿De dónde vienen? Algunas nosotros mismos nos las provocamos por la desobediencia.

La preocupación de hoy es reconocida por los médicos, casi la mitad de los pacientes que consultan al médico no tienen enfermedades diagnosticadas, casi la mayoría es la tención, la preocupación, el estrés y la fatiga, otro como el miedo; esto afecta al funcionamiento de todos los órganos del cuerpo. Filipenses 4:6-9 nos dice que tengamos paz; es un mandamiento divino. ¿Qué pasa si estamos preocupados con solo unos meses? La preocupación asfixia lo que hemos aprovechado de la palabra de Dios e impide que nuestras vidas den fruto.

También en mateo 13:7-22 dice: "el que se afana tanto en esta vida ahoga en él la palabra de Dios, y cada vez trabaja menos para el Señor".

Hay enfermedades por la desobediencia. Tienes que ir dejando lo que te afecta empezando por la corrupción que son pasiones del mundo y terminando con los malos hábitos de alimentación. Dios nos habla: absteneos de toda especie de mal, nuestro cuerpo tiene que estar santificado por completo, y todo vuestro ser, espíritu, alma y cuerpo, sea guardado irreprensible. Aquí no solo nos habla de nuestra alma y espíritu, sino también de nuestro cuerpo (1Tesalonicenses 5:21-23).

Tener conocimiento es tener auto dominio. Ser un alumno dedicado ir saliendo de todo lo que te afecta (2Timoteo 3:10).

Dios te dará libertad para tener dominio propio; es uno de los dones del Espíritu Santo.

Hay cosas que te producen placer y no nos hace bien a la salud.

Cuando no tenemos una alimentación adecuada que sea saludable vivimos por vista no por lo que nos beneficia, pensamos que no está sabroso, pero no vemos su nutrición y se enferma nuestro cuerpo a falta de los nutrientes.

Hay otro tipo de enfermedades que afecta a nuestros órganos; ataques cardiacos, cuando te enojas esto es ataque de ira no controlada. Hay que tratar con esas emociones, lo malo es cuando se alarga el enojo y no permites sacar todo esto; vienen consecuencias, esto está mal. Dicen a veces así es mi papá, y siguen el mismo patrón, esto es problema de temperamento expresivo.

De acuerdo a nuestras emociones será afectado nuestro espíritu y también nuestro cuerpo. La sobrecarga de nuestro cuerpo puede afectar o beneficia el uso de nuestras emociones que provocamos nosotros mismos. Hay que tener un Espíritu de poder y dominio propio. Aquí cuidas el cuerpo no solo el Espíritu. La llave la tiene el hombre y la mujer. Necesitas salud, no solo física sino emocional.

El cuerpo produce 20 endorfinas cuando estamos alegres, esto retrasa el envejecimiento y la presión arterial. Tomar decisiones como reír siempre, aunque haya problemas y no enojarnos por lo que dicen los demás.

Éxodo 6:6-9 dice que a causa de la congoja de Espíritu y de la dura serviz los hijos de Israel no escucharon a Moisés que Dios los sacaría de las tareas de Egipto.

No debo permitir que algo me afecte esto produce principio de ansiedad, gastritis, colitis y otras enfermedades. Hoy decido estar en la paz de Cristo Jesús. (Filipenses 4: 6-9).

Los jóvenes de hoy no tienen equilibrio o responsabilidad para saber vivir. Tristemente se ven muchas enfermedades siendo tan jóvenes muchas vienen de genes hereditarios como diabetes, asma, tumores cancerosos; otras vienen por mala alimentación. Cuando existen estas enfermedades, el mejor regalo es hacer a tiempo lo que tienes que hacer como saber comer, conectar en el cerebro lo que nos ayuda para nuestra salud.

Algunos jóvenes dicen: "estoy joven todavía" o piensas el qué dirán las amistades. Ellos no piensan que algún día llegarán a viejos. Enfrentar la enfermedad ante la sociedad.

MEJORAR LA VIDA Y VALORARLA CON ALIMENTOS REALES

Los alimentos ricos en calcio como la fibra, verduras, bebidas bajo en grasa, proteínas.

Comer comidas equilibradas que ayuden a toda la familia y les beneficie.

Estos alimentos hay que imponérselos a los niños a temprana edad. Si alguno de nosotros no tuvimos este habito en nuestra niñez por diversas causas, lo haremos ahora; nunca es tarde.

¿Por qué a temprana edad? Porque de dos años en adelante hasta nuestra adolescencia es más fácil orientarlos como comer a sus horas sin sobrepasar los límites normales. Los hábitos en la alimentación de los niños tiene que ver con los padres pues es su responsabilidad, la preferencia alimenticia, que nos pueden influir de por vida, se desarrollan a temprana edad que es en la niñez.

Hay otro punto muy importante de lo que como y bebo, influye ¿Cómo me siento?

Cuando empezamos a darles a nuestros hijos una variedad de frutas y verduras. La paciencia influye mucho en nosotros como padres, en igual de presionarlos. Estos alimentos se ofrecen de una a diez o más veces. Hasta que ellos conozcan su verdadero sabor de ahí viene el gusto por ellas.

Un punto muy importante es ofrecer a nuestra familia las ensaladas y frutas al principio de la comida cuando tienen más hambre. Los alimentos ricos en calcio ayudan al crecimiento, las frutas y verduras ayudan a combatir todas las enfermedades.

TODO LO QUE COMO Y BEBO, INFLUYE PARA VALORIZAR MI VIDA. Sintiéndome bien tanto como pienso porque todas estas vitaminas de frutas y verduras me ayudan también como ME VEO FÍSICAMENTE Y MENTALMENTE.

A) CUIDA TU CUERPO nos da vida lo que comemos.

CONSEJOS QUE LE AYUDARÁN A DESARROLLAR BUENOS HÁBITOS EN LA ALIMENTACIÓN.

Hay muchas personas enfermas en la familia y la sociedad, que comen muchas cosa que no son saludable para su vida, y muy pocas realmente nutritivas. No importa los ingresos de cada persona esto no es una justificación para que pueda llegar a ser saludable lo que comes. Hay que cimentar las bases para organizar mejor alimentación; siempre que la nutrición es inadecuada; los niveles de salud son bajo. Este tipo de vida hay que enfrentarlo buscando el problema porque nos enfermamos y luchar por superar esta área. Estos consejos le ayudarán a desarrollar buenos hábitos alimenticios, nutriéndose es algo más que comer o llenarse esto está en los alimentos que comemos.

Si consideramos que cada sustancia nutritiva tiene una acción específica para cada función de nuestro cuerpo, es importante consumir diferentes alimentos, los cuales encontraremos organizados en seis grupos.

Grupo 1. ALIMENTOS QUE CONTENGAN LEGUMINOSAS; FRIGOL, ARROZ

Grupo 2. CEREALES Y FÉCULAS

Grupo 3. VERDURAS Y FRUTAS

Grupo 4. PRECAUCIONES… SI COMES POLLO DE PREFERENCIA ORGÁNICO

Grupo 5. PRECAUCIONES… SI COMES PESCADO QUE SEA FRESCO, SALMON

Grupo 6. SEMILLAS COMO NUECES, ALMENDRAS, CACAHUATES ETC. ESTOS SON NECESARIOS TIENEN HOMEGA 3 Y SON MINERALES QUE NECESITA EL CUERPO.

Hay otro punto muy importante para cuidar tu salud, hacer ejercicio por lo menos treinta minutos, como caminar, bicicleta, natación u otro tipo de ejercicios. Levántate una hora antes que te levantas y tu cuerpo hará un hábito; lo necesita. Esto te mantiene ocupado y de buen humor y descargas tus energías negativas.

También baja los triglicéridos en la sangre cuando hay diabetes o colesterol.

B) DA VIDA LO QUE COMEMOS.

Comemos lo que nos satisface, no siempre porque hay hambre. Nos da vida lo que comemos.

El primer principio es lo que contamina nuestro cuerpo, Levíticos 11 habla de la ley, pero no la estamos imponiendo nosotros pero Dios, que es sabio, lo que estableció es para bien del hombre y El sabe lo que nos beneficia, porque Él quería darle a su pueblo algo bueno y habla de los animales, si Él previene algo es por un propósito cuidar a sus hijos y llevarlo a bendición y que su cuerpo sea sano. No sabemos cómo nutrirnos. Pablo dice: "Examinando todo; retener lo bueno y rechazar lo malo en nuestro cuerpo alma y mente" (1 Tesalonicenses 5:15-21-23).

Dice: "examinando todo" pero, la gente piensa que la comida no contamina al hombre, que no nos perjudica, esto es mentira (Mateo 15:10-20), toda la sociedad humana sienten la necesidad de distinguir lo bueno de lo malo, pero lo hacen con criterios que no son los de Dios, y Jesús viene a reformar estos criterios. (Marcos 7:14-20).

Algunas personas están bajo tradiciones, en la pascua quieren comer carne, se puede comer carne con medida. Se fijan en lo que hace el hombre y no son mandamientos; son tradiciones.

Deuteronomio 30:19 nos dice: "Escoge pues, la vida, para que vivas tú y tu descendencia". Hacer lo que quieras, la vida o la muerte, escoge bendición o maldición, nos da libre albedrío de lo que vamos hacer en nuestra vida.

Si comes comida chatarra tu cuerpo al tiempo manifestara la consecuencia. Aquí nuestro cuerpo está enfermo. El Señor desea que aprendan a comer y te mantengas sano y fuerte. Lo que comas no daña el alma, pero el cuerpo sí.

En nuestros antepasados los hombres duraban de 80 o 100 años. Esto consistía en la alimentación. Desde el principio de Génesis 1:11-12 y Ezequiel 47:12 nos dice lo que debemos comer de los árboles frutales y su fruto será para comer y su hoja para medicina.

Muchos hermanos están muy enfermos por comer carne y asi obtienen bacterias, otros por comer camarones que son "cucarachas del mar" se comen todo lo sucio del mar. El libro de levíticos nos explica muy claramente lo que no debemos comer. Lo único que quiere es llenarse, satisfacerse y sentirse bien como los drogadictos y esto es como una droga un vicio con esto intoxicamos nuestro paladar.

Toma en cuenta mis consejos no estamos bajo la ley, estamos bajo la gracia, pero son recomendaciones.

El pescado bagre no tiene escama son sobrevivientes en aguas negras; Dios no recomienda comer esto. Si Él lo dijo hace mil años o los años que fueran la ciencia esta avanzada y ahora son diferentes, pero lo que puso Dios será siempre.

Estos animales los creo para limpiar el medio ambiente para que no haya contaminaciones en la tierra. Si comer perro, ratas o animales muertos; el cuerpo mismo se llena de impurezas y termina enfermándose. El plan de Dios es saber comer bien teniendo salud a tu cuerpo, como también del alma no te puedes descuidar

El enfoque del Señor es la higiene la limpieza y prevenirnos de muchos problemas que vienen a nuestro cuerpo.

Jesús dice: "no vine a suprimir la ley sino para cumplirla". Dice no quita lo que está establecido ni hacer a un lado lo que Dios estableció sino darle cumplimiento (Mateo 5:17).Cristo es el cumplimiento no contradijo la ley; la ley habla de lo terrenal y Cristo habla del Espíritu. No por esto va a ser pecado, pero sí afecta al cuerpo.

Daniel propuso en su corazón no contaminarse; esa comida era ofrenda a ídolos. Pidió agua por el vino y verduras por la carne, dijo: "Has la prueba eunuco por diez días, si nos ves pálidos de los demás y lo veras que si es cierto". Pasaron los diez días, qué diferencia había, Dios le dio gracia en su cuerpo fuerte y lleno de energía, se miró.

El hombre no se está cuidando hoy en día, hay enfermedad, debilidad y esto es porque no sabemos nutrirnos con granos, verduras. Dios creó al hombre para comer esto. Los animales duran tres días para digerirse y mientras están las toxinas, el hombre se siente mal.

"Todas las cosas son lícitas, pero no todas convienen", dice Pablo. Tengo libertad de comer lo que quiera, pero no me dejaré dominar por ellas.

Otra cosa es cuando tenemos malos hábitos y esto nos contamina. Podemos de vez en cuando comer lo que nos gusta pero que no se haga un hábito. Esto baja las energías y les da agotamiento. Depende de lo que elijas se verá tu cuerpo sin fuerza. No te nutre lo que comes te da sueño.

Cambie su alimentación y va a tener ánimo y energía.

1-Corintios 3:16 dice que templo de Dios es nuestro cuerpo no podemos hacer lo que queremos sino lo que Dios quiere para nuestro cuerpo; es la morada del Espíritu Santo, si tu destruyes el cuerpo destruyes el alma. "El que destruye este cuerpo Yo lo destruyo". El suicidio es igual. Comer lo que no nos conviene. Es instrucción de parte de Dios. Lo impone Él mismo con su palabra.

En el principio de Génesis 1:30 y 2:1-7 Dios nos dio el entendimiento de comer de todas las plantas, claro que hay algunas que son venenosas de esas no vamosa comer. Observa a los pájaros, Dios les dio el entendimiento de lo que tienen que comer; que es nutritivo, nosotros también sabremos discernir que es bueno y que es dañino para la salud. Los hombres Vivian por estas plantas y no tomaban medicina se enfermaban menos.

Los hombres al principio eran herbívoros. En Génesis 2:15-17 Adán labraba el huerto para comer frutas, semillas y granos. "Con el sudor de tu rostro comerás el pan" esto lo alimentará.

C) ENFERMEDADES QUE VIENEN DEL ALMA

1. TESALONICENSES 5:22 DICE: "ABSTENEOS DE TODA ESPECIE DE MAL".

Estas enfermedades que vienen del alma como dije anteriormente son por resentimientos y viene por falta de perdón, condenaciones, o a veces sintiéndonos culpables por algo que pasó en nuestra vida y no estuvo en nuestras manos, la evitamos y viene la culpabilidad. Las formas de pensamiento negativas que has construido en tu subconsciente. Los enemigos están en nuestra propia casa y te echan a estos pensamientos o tú mismo las creas. Quizá has construido una forma de resentimiento que habita en tu pensamiento y estás lleno de todo esto. Todos tus órganos del cuerpo se encuentran afectados por el resentimiento, todo esto te produce ácido en la sangre y vienen un fin de enfermedades. Estas batallando con todo esto, no se lo estás dejando a Dios. Todo esto nos lleva a enfermar nuestra alma, la enfermedad no puede actuar en un cuerpo emocionalmente sano. Si te dejas llevar por Dios te relajarías y serían destruidos los pensamientos enemigos dentro de ti. Tus órganos empezarían a funcionar bien. Tu desarrollo espiritual significa mantenerte estable, hacer un lado lo negativo, dejar a Dios tus cargas y que Él pelee tus batallas. Amar a tus enemigos es bueno para la salud espiritual, de lo contrario esto arruina la salud física, odiar a alguien es dosis de veneno para tu alma y cuerpo, esto es como un consejo sobre tu alimentación. Cuando aceptas esto ya la hiciste, las personas que te estaban causando daño vienen a nosotros cuando no tomamos en cuenta sus acciones y se las entregamos a Dios, esta es la mejor medicina; amar a nuestros enemigos, esto te hará disfrutar de buena salud. Dios nos está previniendo que cuidemos nuestra alma, cuerpo y espíritu y nos abstengamos de toda especie de mal. (1Tesalonicenses 5:21-23).

NUTRIR TU ALMA DIARIAMENTE ES HABLAR CON DIOS; ES COMBUSTIBLE DE TU CUERPO PARA EL ESPÍRITU SANTO

El combustible de tu cuerpo para el espíritu es también que moramos a la carne y vivir en el Espíritu de Dios. El Espíritu actúa en nosotros y nos va transformando (Romanos 2:29 y 2-Corintios 3:18).

Esta muerte del apóstol Pablo es necesaria para que su obra viva. Nada resucita que no haya muerto, en nuestro exterior. Así nuestro hombre interior se va renovando día a día.

La prueba es ligera y pronto pasa, nos preparamos para la eternidad una riqueza de gloria tan grande que no se puede comparar. Aquí llegó una vida nueva para nosotros.

Por medio del Espíritu Santo tu alma tiene paz. Somos templo del Espíritu Santo por eso es imposible que Satanás nos pueda tocar.

Si tienes salud viene la alegría, el que quiera tener salud en el cuerpo primero la tiene que tener en el alma. (Salmo 4:7-8 y 5:11) "Tú diste a mi corazón alegría".

Nuestra vida no será dulzura tendremos aflicciones pero ya muy diferente Dios estará siempre con nosotros por medio de su Espíritu santo.

Dios está cercano a los quebrantados (Salmo 5:1-3). "Alégrarse todos los que en Ti confían". HAY UN TIEMPO NUEVO EN MI VIDA Y VIENE UN VIENTO SUAVE Y APACIBLE.

Poniendo un ejemplo de la aceituna, ¿no es el tesoro el aceite que sale por medio de ellas?.

Para que de esa sustancia se obtenga valor tiene que ser presionada para que llegue hacer un aceite y fluya. Así viene la presencia y la fragancia del Espíritu Santo.

"Busca mi rostro y yo estaré cerca de ti".

Quiero la unción y el poder del Espíritu Santo tengo que cuidar mi cuerpo, alma y espíritu y sea guardado irreprensible (1-Tesalonicenses 5:19-23).

Los beneficios que tendremos al recibir el Espíritu de Dios será que nos protege de cualquier cosa que ponga en peligro su fe y su esperanza a la vida eterna. (Salmo 91:1 y 2:7-10). Nos previene contra conductas que amenazan nuestra salud, felicidad y nos enseña cual es el mayor medio de vivir. (Salmo 73:27-28, Santiago 4:4-7 y Isaías 11:1-5). Salmo 139 dice: "No pasa un día sin que Dios no sepa que pasamos y como le importamos".

TESTIMONIO DE UN HOMBRE QUE SE SENTÍA DEFRAUDADO, DERROTADO ENFERMA SU ALMA Y SIN VALOR A SU VIDA.

Javier tenía un padre que toda la vida le hizo la vida imposible, decía: "siempre me maldecía, me trataba muy mal". "Lo que sentía por mi padre era odio, ira y esto me estaba matando y me sentía demasiado enfermo". Decía: "EL SENTIMIENTO ES EL LENGUAJE DEL ALMA"

Pero qué pasa cuando tú encuentras en tu vida a una persona que Dios te puso en tu camino; esta persona es la adecuada a tu vida lo contrario a tu padre sin perjuicios, amorosa, con principios, valores y te ayuda a salir adelante, esto tiene sentido a tu vida. ¿Como la conoces o como llegas a esto?

"Cuando me di cuenta" dice Javier "que no solo sentía odio e ira por mis padres sino ganas de golpearlos fue cuando decidí salir de sus vidas".

"Hacía mucho tiempo mi madre me buscaba arrepentida de haberme abandonado y me decía vente conmigo y compensaré lo que te hice. Regresé con ella; Queriéndole dar otra oportunidad a mi madre y a mí mismo. Me sentía fracasado, infeliz, y no podía trabajar nunca me enseñaron solo me daban dinero. Recordando tiempo atrás, cuando Ella me llevo a unos departamentos que tenía había hecho mucho dinero, pero no era estable vivía en varios países y me traía de un lugar a otro. Pero me dije siempre tuve la compañía de ella por varios años pero no había amor; ni me enseñaron a ser un hombre de provecho, me sentía en una obscuridad y silencio todo esto es resultado de un vació en mi alma.

Perdoné a mis padres después de esto vino algo extraordinario en mi vida, pero fueron mis pensamientos positivos que yo afirmé".

ATRAVEZ DEL FRACASO VIENE EL BUEN EXITO
ATRAVEZ DE LA ENFERMEDAD VIENE SALUD
ATRAVEZ DE LA ABUNDANCIA DE DINERO VIENE LO
 NECESARIO
ATRAVEZ DE LA MUERTE VIENE LA VIDA.

"Pero todo cambió cuando conocí a una hermosa mujer llena de alegría, amor y todo lo que hacía, me hacia feliz porque era transparente su alma. Ella trabajaba en uno de los departamentos de mi madre era la recepcionista. Un día salía del departamento y ella usaba una bicicleta de transporte ya que el pueblo donde vivía era demasiado chico. Al salir estaba lloviendo y tropecé con ella al caer su bicicleta chocaron nuestras rostros y ahí recibimos nuestro primer encuentro seguimos saliendo y nos enamoramos. Me dije siento como si Dios estuviera a través de ella. La riqueza de vivir una vida diferente a pesar de haber pasado tantos tiempos difíciles. ¿Qué se hace cuando la vida es peor? La respuesta es se sigue adelante. Una voz me decía: Usted tiene una mente maravillosa y es la sabiduría que Dios le dió. En lo último de esta pesadilla viene algo distinto: tuve un hermoso sueño que estaba en una playa y me sumergía al mar pero quería salir y no podía me estaba ahogando pero al final miré una mano que me quería salvar y me agarre de ella y salí a una nueva vida y fue Jesús".

"Me quede estable en ese pueblito me case y tuve familia pero nunca me olvide de DIOS y supe cual era su propósito al darme la vida para ser feliz, trabajar, y triunfar con la sabiduría que Él me dió. Y estoy seguro que al VIVIR LA VIDA agarrado de la mano de Dios; supere todo lo negativo y ahora mi vida es diferente, soy una persona renovada positivamente, valorado y amado por Dios. Triunfar es un proceso que requiere tiempo, fe, imaginación, y mucho esfuerzo".

"HOY TRABAJARE ALEGREMENTE, CON ENTUSIASMO Y PASIÓN. HARÉ DE MI TRABAJO UNA DIVERSIÓN,

COMPROBARÉ QUE SOY CAPAZ DE TRABAJAR CON ALEGRÍA.
COMPROBARÉ MIS PEQUEÑOS TRIUNFOS. NO PENSARÉ EN
LOS FRACASOS"

FUENTES DE VIDA ETERNA

CON TU PALABRA Y PODER CREASTE TODAS LAS COSAS,
HICISTE LAS MAÑANAS CON SU ROCIO
LAS LLUVIAS CON TRUENOS Y RELAMPAGOS.
EN ESTA MAÑANA LLUVIOSA MIS OJOS
SE LLENAN DE LAGRIMAS,
SE VUELVE UNA TORMENTA MI ALMA.
MI CORAZÒN SUFRE AL VER CUANTAS
INJUSTICIAS Y MISERIAS HAY EN
ESTE MUNDO MALO.
¡OH! DIOS CALMA ESTA TORMENTA QUE INQUIETA
MI MENTE, DEBILITA MI ALMA AL MIRAR A MIS
ENEMIGOS PERSEGUIRME SIN PARAR.
AL FINAL DEL DIA VIENE UN CIELO NUEVO
CON SU ARCO DE COLORES EN SU EXPLANDOR
ME DICES NUNCA ME HE HIDO.
FORTALECES MI ESPIRITU Y ME DAS PAZ Y GOZO.
¡OH! DIOS MI ESPERANZA ES QUE ME GUIARAZ
A FUENTES DE VIDA ETERNA, Y NO HABRÀ MAS
LLANTO NI SUFRIMIENTO EN MI CORAZÒN.

Sandra l. Chávez

CAPITULO 13

ELCIELO Y LA GLORIA DE DIOS

"En verdad, me parece que lo que sufrimos en la vida presente no se puede comparar con la gloria que ha de manifestarse después en nosotros cuando estamos viviendo en el Espíritu" (Romanos 8:18-27).

A veces creemos que a nadie le preocupa lo que estamos pasando y mucho menos como nos sentimos en tal caso, le animará saber que Dios es diferente. A Él le importamos tanto que presta atención al más mínimo detalle de su vida. Así lo confirman las palabras del rey David que aparecen en el salmo 139. Este salmo nos demuestra que Dios siente un profundo interés por sus siervos "No pasa un día sin que los escudriñe y se preocupe por ellos. Nos conoce y examina por separado a cada uno de nosotros".

Por eso conoce sus problemas y entiende el dolor y la intranquilidad que les provocan. Nunca dejemos de recordar la siguiente promesa Bíblica. "Que Dios nunca va a olvidar la obra de ustedes y el amor que mostraron para su nombre" (Hebreos 6:10).

Debemos estar convencidos de que soy importante para Dios por eso digo

¡Oh Dios! tú me has escudriñado completamente, y me conoces'. (Salmo 139).

"Él me conoce desde lejos y me observa porque vive en los cielos. Aun así sabe cuándo me acuesto me levanto, me siento quizás tras una larga jornada de trabajo, nuestros pensamientos y deseos e intenciones" (Salmo 139:2, y salmo 139:23-24).

En el año 2009 ALGO NUEVO COMENZO A OCURRIR; UN CIELO NUEVO LLEGO A MI VIDA. Mis ojos se abrieron para conocer la verdad desde que acepté a Jesús como mi salvador.

Una mañana que estaba orando Dios por medio de su Espíritu, me decía que leyera el libro de Samuel, primero ver todo lo que pasó en su vida con su familia (1-Samuel 4:3-11 y 7:3).

Después seguí estudiando la vida del rey David, la batalla con Goliat fue la fuerza de Dios estaba detrás de esa piedra que David hizo caer, hizo tantas cosas más como obediencia al llevar la arca a donde Dios le ordenó por medio de su hijo Salomón. Él tuvo fallas en su familia y pagó las consecuencias en sus hijos, paso por muchos sufrimientos. Nosotros pasamos lo mismo.

Empecé a escribir el primer libro "Un mundo nuevo en nuestra familia". El libro de Samuel uno y dos me inspiraron ya que hablaba de la familia de Samuel y David, pero me fui dando cuenta que siempre escribía cuando tenía dolor en mi vida y le pedí a Dios que me quitara todo lo que me dañara para no escribir así, pero entendí que tenía que pasar por todo esto para poder darle valor a mi vida escribiendo este libro. Y me preguntaba: ¿porque Dios me hablaba por medio de su Espíritu que estudiara la vida no solo de Samuel y David sino la del profeta Jeremías, el lloró y se quebranto por su pueblo al igual Ezequiel, al ver esos huesos destruidos por Dios por la maldad de su pueblo.

Jeremías escribió con autoridad en cuanto a la seguridad del juicio de Dios sobre un pueblo pecaminoso, y sobre la grandeza del juicio divino; porque todo esto que ellos pasaron me serviría en mi vida personal ya que estoy pasando lo mismo en mi familia y ver como la gente se corrompe y llorar por esto, y estar alerta para no caer en esas tentaciones y agarrar más las cosas positivas de ellos, sobre todo del rey David ya que es un ejemplo como adorador, obediencia, fe, músico poeta y escritor etc.

El profeta Samuel sirvió a Dios con integridad y nunca dejó de hablar a su pueblo de Dios. Él nunca se olvidó de la obra de Samuel y el amor que tuvo para Dios. Hoy en día Jesús también tiene esta promesa para sus siervos en Hebreos 6:10.

En este año soñaba imprimir mi primer libro pero seguía todavía con la duda que a lo mejor no había de seguir escribiendo; había inseguridad, pero empecé a leer más profundo el libro de Jeremías y Ezequiel que ellos también lloraban; no solo por su propia persecución, sino también por la amargura aflicción de su nación. También la vida del profeta Samuel; tenia dolor cuando le pasaba algo a su pueblo o familia, les ayudaba a hombres corruptos e inmorales y a hombres de Dios que se alejaban de Él. Les ayudaba a tener un arrepentimiento sincero con Dios, a pesar de todo lo que pasó, guerras, dolor por la pérdida de la arca y ver a su pueblo alejarse de Dios teniendo ídolos, su fe fue grande, continuaba llevando la Palabra a pesar de ya ser viejo, no se cansaba, terminaría su vida hablando con Dios y con la gente de Él. El ejemplo del rey David, Samuel, Jeremías y Ezequiel me inspiraron a seguir escribiendo pero de otra manera, no con tristeza sino con acción de gracia por todo lo que Dios hizo por medio de la naturaleza y en ella mire el amor que nos tiene Dios haciendo todo bueno y perfecto para nuestra vida. Aquí cambia mi forma de pensar viendo mi vida diferente, leyendo más su palabra y buscando más relacionarme con Dios como mi amigo. Seguía soñando, visualizaba en imprimir mi primer libro y ya lo daba por hecho. Me deje guiar por medio del Espíritu Santo, empecé a participar de la naturaleza divina y las bendiciones de Dios; aquí me habló Dios por segunda vez en la naturaleza desde el inmenso mar y sus criaturas, hasta una pequeña mariposa, una flor con sus colores, un árbol dando oxígeno, hasta la grandeza de una palma. Entender Génesis es recibir revelación.

En el mes de Febrero del 2010, EXPERIMENTE LOS CIELOS ABIERTOS por medio del Espíritu Santo. Fueron días difíciles para mí la muerte de mi madrecita Gloria. Este acontecimiento fue uno de los más importantes de mi vida.

Estaba en el pueblo donde vivo Loreto, B. C. S. cuando recibí una noticia por medio de mi esposo Jorge y me dijo: "te tienes que ir a los Mochis, Sinaloa Tu mamá está muy grave", al escuchar estas palabras me trasladé en pensamiento e imaginación dos meses atrás, diciembre que estuve con mi madrecita Gloria, yo la miraba muy enferma y sentía que ya se me iba. Le pedí a Dios que me ayudara para hablarle a mi madre sobre la salvación. Con la ayuda de Dios y de mi hermano Carlos, ella aceptó a Jesús como su salvador. Al mirar todo esto ya no sentía tristeza sino mucha alegría por ese encuentro que tuvo personal con Jesús mi madre, era un plan de Dios, su muerte de mi madre; el no nos da algo que no podamos soportar.

Me quedé varios días después de enterrar a mi madrecita, pero empezaron a pasar conflictos en mi familia y me la pase casi sin poder dormir por tres días, ya que una de mis hermanas lloraba toda la noche y se enfermó; no tenía consuelo. Me ponía a orar por ellos, pero sentía tristeza al ver esto.

El cuarto día era domingo; un día muy especial para mí, ir a congregarme a la casa de mi Padre Dios. Me estaba vistiendo y me preguntaron mis hermanas: "¿vas al templo?" les dije: "si". Yo me congregaba en otro lado, pero estaba lejos; dónde irían estaba a la siguientes tres cuadras, muy cerca de la casa de mi madre. Me dijeron para que ir tan lejos; pensé, si es verdad iré con ellos para estar todos juntos en estos momentos difíciles.

Al llegar al templo "Centro cristiano Ágape" de los Mochis Sinaloa, sentí como un toque eléctrico por mi cuerpo, estaba una hermana en la puerta muy amable y me recibió. Seguía sintiendo algo que no puedo explicar, jamás me había pasado. Estaba la alabanza, entonces empezó a pasar sobre mí algo hermoso como un aire fresco un toque celestial, y pensé, aquí hay ángeles por todos lados aunque no los pueda ver, sentía la presencia de Dios mientras seguía la música.

En ese momento la presencia de Espíritu Santo se llenó en ese edificio de una forma única. Me hallé a mi misma haciendo algo que nunca había hecho, me incliné hasta el suelo con el pecho, la cabeza y las lagrimas corrían por mis mejillas y le clamaba a mi Padre Dios: "ayúdame no puedo más, te suplico que me llenes de tu fortaleza" ya que estaba pasando por situaciones difíciles en mi familia; era un momento como si hubiera explotado, nunca antes habían salido lágrimas de mis ojos tan rápido, empecé a sentir una paz plena un toque celestial se apoderó de mi; era El Espíritu de Dios ¿hablar de éxtasis es sentir esto; tuve una visión, mire un cielo con unos colores que nunca los había visto un arco iris que de sus colores salió una luz con un resplandor, como escarcha luminosa de nieve que no lo puedo explicar. Fue un regalo de Dios, un sentimiento de gloria, un toque en mi alma y mis manos; era una voz que parecía lejana pero dulce. Sé que fue algo grande y hermoso pero con mucha responsabilidad. Esto cambió de rumbo mi vida.

Entre en una oración directa con Dios, y reciviendo un toque del

Espíritu Santo, esto hizo abrir los cielos y estoy segura que la gloria de Dios bajo a este lugar

Me pregunto… ¿Porqué recibír de esta manera el toque del Espíritu Santo en estos momentos tan tristes y difíciles? la respuesta es que Dios sabía que lo necesitaba por que no sólo me llenó de amor, sino que me fortaleció, me llenó de paz y de su Espíritu.

En toda mi experiencia Cristiana. Dios había tocado mi vida, pero nunca como ese día,

El Espíritu Santo fue quien me dio el poder de soportar el sufrimiento de esos días, también me dio una fortaleza grande que no podía ser yo así, si antes era una persona sensible frágil a los problemas. Le doy gracias porque me dio sabiduría para hablarles a mis hermanos y todo se puso en calma. Desde ese día quedo impregnado en mi corazón El Espíritu Santo en mi vida de una forma sobrenatural.

Recordando a Esteban El Espíritu Santo fue el que le dio el poder para soportar el sufrimiento (Hechos 7:54-56).

A Pedro le sobrevino un éxtasis; y vio el cielo abierto y le vino una voz y mientras Pedro pensaba en la visión que Dios le hablaba por medio del Espíritu santo (Hechos 10:9-20). Cornelio también tuvo una visión por medio del Espíritu Santo.

Para mí se abrió un cielo nuevo en mi vida y bajó la gloria de Dios; entre en un éxtasis por medio del Espíritu Santo y me dió una visión o cumplimiento en lo que haría para servirle. Y me ungió el Espíritu Santo.

El Espíritu Santo también fue quién le dió a Moisés el poder para libertar a los hijos de Israel. También Él era la fuerza detrás de la piedra que David hizo caer a Goliat.

¿Qué había en la vida de El apóstol Pablo que le dió poder para soportar el sufrimiento en la cárcel? y en Pedro, que aun su sombra sanaba a los enfermos; era el toque del Espíritu Santo.

¿Cómo se manifiesta el Espíritu Santo? Es un poder del Señor. Jesús era un hombre íntegro capáz de hacer todo, sin embargo El no se movía sin el Espíritu Santo. Esto dice la Palabra de Dios en Lucas 4:18, al comenzar su ministerio hablando de las buenas nuevas a los pobres, Él decía me ha ungido el Espíritu Santo para hablar del Reino de Dios. Ya que no hacía nada sin el Espíritu Santo, como predicar o imponer manos sobre los enfermos, también tenemos que reconocer la voz del Espíritu Santo.

Cuando Jesús estaba con los discípulos EL los dirigía pero cuando Jesús regresó al Padre, no los dejó solos, Jesús les dijo "El Espíritu Santo los guiará. Él os consolará, Él os aconsejará y os, recordará las cosas que yo os he dicho. Él os hablará de mi".

Pedro reconoció la voz del Espíritu Santo. Y ese fue el principio de la predicación del Evangelio a los gentiles.

Buscando su presencia tu descubrirás "El Tesoro que estaba escondido" en un abrir de ojos está ya en tu vida, porque tu decidiste recibirlo en tu corazón y mientras más comunicación tengas con Él, mas amor vendrá departe de Dios (Juan 15:26).

Pablo nos dice en la Palabra de Dios "Que anduviéramos en Él Espíritu, viviéramos en El Espíritu oráramos en el Espíritu".

El Espíritu Santo le tienes que hablar, él anhela tu comunión contigo, es mutuo, comienza diciendo "Espíritu Santo ayúdame a orar ahora no puedo solo y sé que lo hará, Él os guiará a toda verdad (Juan 16:13-15).

En el año 2011 comencé a VIVIR LA TEMPORADA entre al tiempo de Dios con luchas, pero si no te arriesgas pierdes la temporada al tener una nueva conversión al entrar a mi vida el Espíritu Santo. La palabra de Dios viva y eficaz, vino a ser vida total para mí empecé a sentir un amor para vivirla no solo leerla y fue con la ayuda del Espíritu Santo.

En el año 2012 COMENCÉ A VIVIR ALGO HISTÓRICO; SEMBRAR

Ya soy una criatura nueva en Jesús en efesios 5:1-18 dice que todo esto que pasa es sobrenatural Porqué el amor de Dios ha sido derramado en nuestros corazones, por El Espíritu Santo que nos fué dado.

Escudriñando mas la palabra de Dios se me empezó abrir más el entendimiento por medio del Espíritu Santo, empecé a conocer los pasos de Jesús por medio de su Palabra, pero al llegar al conocimiento de la verdad Dios me cambió de rumbo porque la Palabra es viva y eficaz, me dijo: "no estás en el lugar correcto". Inicié mis primeros pasos y ahora soy criatura nueva para Dios y no puedo mentir al sentir un gran cariño, respeto y agradecimiento de donde inicié escuchando palabra de Dios, pero no estaba en el lugar correcto de la verdad; la palabra de Dios me lo mostró.

Fue muy difícil para mí este nuevo caminar que Dios me puso en mi vida, empecé a tener más luchas y persecuciones principalmente con mi familia. Tomé la decisión de hacer su voluntad no según mis deseos sino los deseos del Espíritu Santo; ya que El me dirige, pero sinceramente antes de conocerlo era muy insegura de lo que iba hacer, pero desde este momento retome una seguridad y sé que ya no soy yo sino que Dios está en mi, su Espíritu me dirige y lo sigo conociendo hasta llegar a Él.

En el libro de Génesis 2:7 dice: "Dios soplo en su nariz aliento de vida, y fue el hombre un ser viviente". El aliento de Dios es el Espíritu de Dios. Cuando Dios creó a Adán del polvo de la tierra empezó su obra en él ya que estaba muerto hasta que vino el aliento de vida.

Hasta aquí se que Dios empezó su obra conmigo escogiéndome desde el vientre de mi madre. Y tengo la seguridad de que yo dependo del Espíritu Santo. Él es mi amor, mi guía, mi tesoro y mi mejor amigo. También es todo lo que tú y yo tenemos, ya que es una promesa que Jesús prometió y Dios lo envió para que tú te salves. Invocándolo siempre a Él, te responderá. Él te guiará y vendrán cosas nuevas a tu vida y te ayudará a buscar la verdad y con esto alcanzarás la verdadera felicidad.

Mi secreto para ser feliz y llegar al buen éxito es amar y ayudar a los demás para que conozcan de este amor. El amor te lleva a niveles muy altos como un conjunto de comportamientos, actitudes incondicionales y desinteresadas que se manifiestan en la persona, esto significa un gran afecto por algo que ocasiona felicidad. Esto transforma toda mi vida en algo placentero. Solo podemos tener de este amor si estamos conociendo de Dios.

La oración te lleva al Espíritu de Dios y Él te estará esperando para que le digas: "Espíritu Santo lléname de ti todos los días que me quedan".

Pablo demuestra que lo importante, no son las palabras, sino el anhelo profundo del Espíritu de Dios en nosotros. En verdad, me parece que lo que sufrimos en la vida presente no se puede comparar con la gloria que ha de manifestarse después en nosotros (Romanos 8:18-21).

Dios a través de nuestros problemas y los que tuvo el profeta Samuel, el rey David, Jeremías, Ezequiel, Moisés y otros que he puesto como testimonio en sus vidas. Siempre Dios sabe y entiende el dolor y la intranquilidad que provocan los problemas y el nunca se olvida de sus siervos y conoce cada detalle de cada uno de nosotros. (Salmo 139) "cuando me humillo ante el Señor y por medio de la oración recibo el Espíritu de Dios".

Aquí en este año 2013 VIENE UN VIENTO SUAVE CON OLOR A DIOS Él Espíritu Santo selló de nuevo mi vida de lleno EN MI BAUTIZO. Parezco un volcán; como cuando hace erupción, desparrama todo lo que tiene adentro. Llegó la temporada de sembrar "hablar del Reino de Dios". Rescatar almas para Jesús y ayudarlos para que se salven. Empecé a compartir lo que Dios había hecho en mi vida por medio de su palabra viva y lo seguiré haciendo hasta que Jesús venga por cada uno de nosotros y tendré la guía espiritual que se necesita por medio del Espíritu Santo para seguir creciendo. Tuve un enfoque más claro de mi vida lo que Dios quería para mí después que El Espíritu Santo limpió mi vida; al igual Él desea lo mismo para ti.

El propósito más grande del Espíritu Santo no es guiarte a algún éxtasis o un cielo celestial lleno de colores y luces inexplicables aquí en la tierra; eso te puede pasar en cualquier momento, si no es que tengas conciencia al pecado; que es el temor de Dios y la sabiduría para su conocimiento y esto se logra por medio de la comunicación de Dios y su palabra, para que Jesús te pueda guiar para que te salves. Teniendo la dirección de Dios por medio de tu arrepentimiento; aceptar a Jesús como tu salvador tendrás el privilegio de ser guiado por el Espíritu Santo, también tendrás dirección para hablarles a otros de su amor y les dirás yo creo que Jesús el hijo de Dios derramó su preciosísima sangre en la cruz por mí para salvarme.

VIENE UN VIENTO SUAVE Y APACIBLE CON OLOR A DIOS; mi bautizo. Aquí todo se calma, Dios toma totalmente control de mi vida y esto hizo subir un olor grato a El, sirviéndole para la salvación de almas hablando del reino de Dios.

2014 SUCEDIO EL MILAGRO, ALGO SOBRENATURAL UN TIEMPO NUEVO;

EL TIEMPO DE LA COSECHA Ser sanada por una mioma que creció y se formo siendo un tumor maligno. "El agricultor que trabaja firme le corresponde primero los frutos de la cosecha" (2Timoteo 2:6). Dios prepara la tierra para que dé fruto. Aquí cayó la semilla en tierra buena, son las que después de haber oído, conservan la palabra con corazón bueno y recto, y dan frutos con perseverancia. La palabra de Dios, la alabanza y la oración tiene fuerza y poder. Pero Dios respeta nuestra libertad, ahora bien cualquier campesino si no obtiene los frutos que espera, revisa la tierra, ve si hay plagas o está suficientemente regada etc. Dios nos ha dado la capacidad de limpiar y abonar nuestra tierra personal, social y eclesial, para que den fruto.

Sigue Dios hablando el tiempo de la siembra y la cosecha. Nos dice aquí que caminemos según sus mandamientos y guardemos sus normas poniéndolas en práctica y tendremos frutos en abundancia (Levíticos 26:3-5). Al no hacer caso, el hombre se arruina a sí mismo. Dios nos pide a su pueblo justicia, bondad, respeto de la vida y también les promete bendiciones o desgracias en su vida. Yo como sierva de Dios he tenido solo bendiciones tanto como materiales como de salud al ser sanada por medio del poder de Jesús en oración por un tumor maligno. Dice la palabra "Busca el reino de Dios y su justicia y todo lo demás viene por añadiría".

Tienes que seguir caminando creyendo que para Dios no hay imposibles, que vas a ver milagros a través de tu vida, vive en este tiempo creyendo que van a suceder cosas sobrenaturales. La dimensión en que nos vamos a mover es en la que fue movida los apóstoles en los libros de los hechos, Dios activa ese tiempo en esta fecha para que la manifestación de la gloria de Dios esté en nuestras vidas.

EL CIELO Y LA GLORIA DE DIOS

Tu presencia cambia mi vida mi Dios
Me envuelves en Tu Gloria y me llevas mas
allá de lo que me pudiera imaginar
Me curas todas mis heridas
En la Gloria de Dios descansa mi ser
Me llenas de paz
La gloria de Dios maneja mi vida y me lleva hasta El.
Necesitaba de esta nueva fuerza que me ayudara a resistir
Tu presencia es un regalo maravilloso de Dios
El cielo y la Gloria de Dios baja a este lugar
Llevándome a un cielo nuevo con un arco
iris con colores sin poder descifrar
Una luz brillante como escarcha luminosa de nieve sin poder explicar
Tu Gloria baja con su esplendor en una nueva luz
Llenando de gozo, paz y amor sin igual

Desde ese día me robaste mi corazón
Te apoderaste de mi vida ella se transformo
Mis problemas de mi vida siempre están, pero
a tu lado son más sencillos de llevar
Sin ellos no podría llegar a tus propósitos
Al pasar estas pruebas Tú me llevas a donde no
pude nunca imaginar a tu presencia
Y con Ella cuando me siento débil fuerte soy
Ayúdame a no volver atrás
Sé que no hay limitaciones de tu amor hacia mi
Lo pude mirar en ese nuevo cielo que me mostraste en sus colores
En esa luz que con su esplendor me dijiste aquí estoy
Tu voz razonó en mi pensamiento de nuevo
encomendándome la salvación de las almas
Tu esplendor de tu Gloria me dio luz
Ilumíname con ella para brillar como las estrellas
y ser luz en mi camino para los demás.

2015 - DIOS ME LLEVA A UN ESCALON MAS salir el primer libro "SENDEROS DEL TIEMPO"

Dios el creador nos habla mediante sus obras. El poeta y el creyente es el que disfruta de la belleza de la naturaleza, porque Él nos habla por medio de ella. Su eco de amor se percibe; en una flor, el canto de los pajaritos, el mar o simplemente en una mariposa. Esto es una expresión del amor de Dios hacia el hombre en la naturaleza. Aquí vemos el reflejo más hermoso de su gloria en este libro inspirado por EL Espíritu Santo.

A través del tiempo escribiendo "Senderos del tiempo" aprendí de la metamorfosis usada en Romanos 12:2; Para describir el cambio asombroso que permite que una oruga se transforme en algo tan bello como es una mariposa; eso nos pasa a nosotros, cuando con su gracia, nos transforma en una belleza interior increíble con principios, íntegros y con valores de amor, humanidad y justicia; después de haber dejado todo lo malo que nos hacia unas criaturas pecaminosas. Aquí podemos alcanzar nuevas alturas como esas mariposas que las desvió el tiempo, pero salieron adelante porque Dios las guío. Este libro nos da un llamado al cambio de nuestra vida y nos lleva a nuestra conciencia y nos recuerda que necesitamos volver a Dios; sin Él estamos perdidos. También nos habla en el libro de Eclesiastés 3:1-11 de la importancia de saber apreciar los tiempos y saber escuchar el sonido que emite cada temporada; así nos prepararíamos para los tiempos malos.

Del tiempo de hoy escribiendo "EL SECRETO PARA OBTENER EL BUEN ÉXITO EN LOS SENDEROS DE VIDA" En los años 2016 al 2019 aprendí dos cosas, PRIMERO trabajar más en la humildad y amor y ver más por los demás llevando el Reino de Dios. Esto me ayudó a lograr el buen éxito que es: la realización de lo que soy ahora.

SEGUNDO Sin la guía del Espíritu santo, e inspiración de la creación de Dios; la naturaleza, y la interseción de Jesucristo pidiéndole en oración a Dios por este libro, no se hubiera llevado a cabo. Estoy terminando este libro con la dedicatoria de agradecimiento pero mi corazón se quebranto, llorando de felicidad por lograr mis sueños. Todo lo que escribo lo vivo en el transcurso de mi vida como cristiana.

Hubo un proceso en este libro muy difícil, pero lo tenía que pasar, pero al fin llegue. Le agradezco a Dios por este caminar que no fue fácil creer que estoy en sus propósitos y planes, pero aquí estoy para servirle con un sincero corazón.

EL CIELO ES UN REGALO DE DIOS MAS

El cielo es conocer el infinito, la inmensidad del mundo.
Es un rayo de luz que Dios fundó
Sus colores indican un cielo nuevo llegó a tu vida
El cielo es como un nuevo amanecer
Es oír la voz de Dios.
Es una llamado de su padre a su hijo amado
Es un lugar donde es un misterio no lo podemos traspasar
Es una esperanza en nuestra alma
Un lugar donde no lo podemos ubicar
Es un estado de felicidad que estamos buscando
Es un contacto con Dios para disfrutarlo porque
en ÈL vivimos y nos movemos
Es cuando lograste vivir con el amor de tu vida hasta el final
Es olvidar el pasado no se volverá a recordar más
Es estar en fuentes de vida eterna
Es tener alegría, no mas llanto ni sufrimiento
El cielo y su gloria es estando alegres con lo que nos disgusta. Su
sufrimiento es amor sembrado en Dios, amor fundado en la esperanza.
Mirar un cielo nuevo y sentir la gloria de Dios valoró mi vida.

Sandra l. Chávez

CAPITULO 14

DESTELLANTE DE LUZ; LA NUEVA JERUSALEN

Como servidora de Dios no guardo nada de los regalos que Dios me está dando, lo comparto, el tesoro escondido con la inspiración de Él y para su gloria. Yo lo descubrí y deseo de todo corazón, que lo encuentren todos los hombres sin excepción de razas, denominaciones y principalmente a todos los jóvenes. Descubrí que el secreto de la verdadera felicidad está en Jesús; en su caminar, en esa cruz que dio su vida y su gracia para que estemos vivos, su amor me envolvió en su brazos y me enamoré al tenerlo tan cerca de mí; un Jesús vivo.

El tesoro es descubrir la vocación divina del hombre y la finalidad por la que estamos aquí, descubrir el propósito e identidad de mi persona como hijo de Dios.

LA LUZ MAS HERMOSA Sigamos velando esperando su venida sin perder la fe y esperanza a pesar de vivir en este mundo de tinieblas, tenemos la luz de Jesús y con ella podamos afrontar todas las persecuciones. Era la luz más hermosa única, su brillo no se desvaneció.

Aquí nos pone la primera huella de Jesús, buscar la luz de El no del mundo; este es su propósito, nace Jesús en nuestra vida.

El bautizo de Jesús en el Jordán por medio de Juan, "mi bautizo es bautismo de agua y significa un cambio de vida", "El los bautizará en el fuego, o sea en el soplo del Espíritu Santo" (Mateo 3:11-17), pero esa luz nos tiene que seguir guiando hasta que venga El a resucitarnos. Cuando la palabra de Dios la estudiamos empezando por Mateo y terminando por Apocalipsis llegaremos a una luz, pero no es como la primera; "siguiendo el brillo ya es un resplandor que irradiaba la gloria de Dios como una piedra preciosísima y su color se parecía a piedras preciosas; brillante de luz" (Apocalipsis 21:9-11).

El templo expresa la esperanza de todos sus hijos de ver a Dios presente en medio de ella. Después ya no necesitaremos templo lo que nos prometió es una realidad. Dios está en medio de los suyos en forma visible y permanente.

Esto nos da la seguridad ya no hay miedo ninguno, ni siquiera el temor al sentir que la vida se va. La venida de la ciudad es de oro refinado, transparente como cristal.

La ciudad definitiva es el término del largo caminar. Tropezando con esas piedras hasta llegar a la más "preciosísima". Y lo logran los hombres justos, los pobres, los misericordiosos y los que lloran llegaran a ese brillo de luz. Será la segunda y la ultima venida para resucitar en Jesús (Apocalipsis 21:1-27).

Y nuestros hijos después de dar frutos del árbol de la vida "Serán como el río de la vida, puro como el cristal, que brotaba del trono de Dios y del cordero, y ninguna maldición es allí posible". No necesitarán luz ni de lámparas ni del sol, porque el Señor Dios derramará su luz sobre ellos y reinarán por los siglos de los siglos.

UNA VIDA CON SENTIDO Y PROPOSITO

Señor toma mi vida, enséñame el camino que debo seguir, te doy mi
corazón sincero para servirte, dame tu amor y palabras para hablar de ti.
Llévame:
Donde los hombres no tienen voz y voto
Donde necesitan de tus palabras los que no tienen ganas de vivir
Donde no hay esperanza
Donde falta alegría por no tenerte
Donde los niños son maltratados
Donde la gente no sonríe y vive por vivir
Donde los hombres malheridos
Donde los viejos olvidados
Donde están las bombas activas y los hombres armados
Donde el mundo ya no tiene corazón para amar
Donde Los cielos ya no lloran
Donde Los pájaros ya no cantan
Donde Los mares mueren con sus peces
Donde Los hombres mueren cada día más
Donde hay crueldad por el anciano y falta de respeto sin cesar
Donde con una sonrisa lleve gozo y paz
Quizás hay alguien que con una sonrisa pueda ayudar al que
está triste o al niño que llora sin parar pues quiere pan.
Quizás hay alguien que ora sin cesar
Señor sigue sosteniendo a los que en tu camino están,
llévame y les diré lo bello que es tu amor incondicional.

Sandra L. Chávez

Printed in the United States
By Bookmasters